EU, E.T.

**Marcio
Ramon Benthien**

EU, E.T.

Um guia para o autoconhecimento

© Marcio Ramon Benthien, 2025
Todos os direitos desta edição reservados à Editora Labrador.

Coordenação editorial Pamela J. Oliveira
Assistência editorial Leticia Oliveira, Vanessa Nagayoshi
Direção de arte e projeto gráfico Amanda Chagas
Capa Felipe Rosa
Diagramação Emily Macedo Santos
Preparação de texto Monique Pedra
Imagens de capa Freepik / Ilugram

Dados Internacionais de Catalogação na Publicação (CIP)
Jéssica de Oliveira Molinari - CRB-8/9852

Ramon Benthien, Marcio

  Eu, E.T. : um guia para o autoconhecimento / Marcio Ramon Benthien.
  São Paulo : Labrador, 2025.
  160 p.

  ISBN 978-65-5625-792-1

  1. Espiritualidade 2. Autoconhecimento 3. Desenvolvimento pessoal I. Título

24-5669   CDD 158.1

Índice para catálogo sistemático:
1. Espiritualidade

Labrador

Diretor-geral Daniel Pinsky
Rua Dr. José Elias, 520, sala 1
Alto da Lapa | 05083-030 | São Paulo | SP
editoralabrador.com.br | (11) 3641-7446
contato@editoralabrador.com.br

A reprodução de qualquer parte desta obra é ilegal e configura uma apropriação indevida dos direitos intelectuais e patrimoniais do autor. A editora não é responsável pelo conteúdo deste livro. O autor conhece os fatos narrados, pelos quais é responsável, assim como se responsabiliza pelos juízos emitidos.

Ao Espírito Universal.

"Nosso grande medo não é que sejamos imperfeitos. Nosso maior medo é que sejamos muito poderosos. É nossa luz, e não nossa escuridão, o que mais nos assusta. Perguntamos a nós mesmos: quem sou eu para ser brilhante, deslumbrante, talentoso, fabuloso? Realmente, quem são vocês para não serem? Vocês são filhos de Deus. O seu baixo desempenho não serve ao mundo. Não há nada iluminado em se retrair para que as outras pessoas não se sintam inseguras ao seu redor. Todos fomos feitos para brilhar, como as crianças o fazem. Nascemos para manifestar a glória de Deus que está dentro de nós. Não apenas em alguns de nós; mas, em todos nós. E conforme deixamos nossa própria luz brilhar, inconscientemente permitimos a outras pessoas que façam o mesmo. Conforme nos libertamos dos nossos próprios medos, nossa presença, automaticamente, liberta os outros."

(Discurso de Nelson Mandela ao assumir a presidência da África do Sul, citando Marianne Williamson em *Um retorno ao Amor*)

SUMÁRIO

Introdução ———————————————————— 11
O maior e melhor investimento de todos ——————— 15
O Universo ————————————————————— 19
O Criador e a Criação ——————————————— 23
Energia, Matéria, Consciência e a Realidade Objetiva —— 27
As Leis Universais Herméticas ———————————— 33
Centelha divina, Lei da Semeadura e livre-arbítrio ——— 45
Intuição —————————————————————— 53
Aprendizado, experiências & superação –
uma história de sucesso ——————————————— 57
Consciência, Alma, Espírito & ETs —————————— 77
Marciolino ET ——————————————————— 89
Um ET em minha vida ——————————————— 95
Crenças limitantes e sombras ————————————— 101
Ego, Eu & o ET —————————————————— 113
Soltar ——————————————————————— 119
Dicas de ouro de um aluno da vida —————————— 131
Servir ——————————————————————— 145
O Sagrado ————————————————————— 151
Conclusão ————————————————————— 155

INTRODUÇÃO

Eu, ET: esta afirmação será compreendida de forma leve, natural, alegre e responsável até o final deste livro. Trata-se de um guia cujo objetivo é chamar a atenção do leitor para o potencial incomensurável que há em si mesmo para a paz e a felicidade, bem como a descoberta de um Universo infinito, regido por leis universais inerentes a tudo que existe — e que é puro amor. Despertar a consciência para a eternidade que há em si, suas responsabilidades e missão — decorrentes dessa consciência — e provar, por meio da minha própria história de vida, que é possível atingir estados de consciência mais elevados a partir da vontade, da perseverança e, principalmente do auxílio superior, que está sempre disponível e acessível para todos. Compreender que a solidão é uma ilusão e que a morte do corpo não extingue a vida. Quero descrever meu encontro e aprendizado com uma figura de alegria transcendental, um ser de espírito "extraterrestre" e que mudou a minha forma de ver o mundo. Desejo trazer à luz da consciência que estamos aqui, mas não somos daqui, e lhes apresentar os ETs em sua vida.

É necessário mostrar que os ETs estão mais próximos de nós do que imaginamos, para que possamos compreender que o objetivo é viver a jornada, as experiências, resgatar o que deve ser resgatado, enfrentar as provas com alegria e abrir os olhos para a verdadeira realidade, que está em nós e em tudo o que existe. Devemos, pois, caminhar rumo à percepção da realidade objetiva. Sabendo que somos todos alunos e, ao mesmo tempo, peregrinos nessa maravilhosa jornada que se chama VIDA. Vou compartilhar minhas experiências pessoais, de forma simples, com o objetivo de ampliar o conceito de prosperidade e sucesso a níveis mais transcendentais.

Meu objetivo aqui é lhe oferecer um guia simples para a sua evolução, equilíbrio, felicidade supra-humana, além de fornecer ferramentas para que você viva mais alinhado com o fluxo divino.

Posso lhe ajudar a integrar os conceitos de espírito e matéria, humildade e prosperidade, equilíbrio e sucesso, harmonia e dinamismo, paz e evolução.

Quero lhe propor sugestões de investimento em seu futuro "eterno" de forma que, se você assim decidir, poderá avançar em profundidade em si mesmo e plantar sementes saudáveis e positivas para a eternidade.

Apresentarei onze dicas de ouro, baseadas na experiência de um "aluno da vida", que certamente lhe serão úteis em toda a jornada de transformação evolutiva; o despertar.

Isto não é apenas um livro, mas sim um guia, uma referência de um ser-alma que também busca a reunificação com o TODO e que, de forma alegre e responsável, deseja contribuir com as irmãs e irmãos universais nessa jornada da vida, compartilhando a própria experiência e aprendizados.

Não haverá respostas deterministas, mas inevitavelmente haverá a produção de mais perguntas!

Que este guia possa ajudar na sua jornada, melhorá-la e torná-la mais leve, mais equilibrada, mais alegre, mais vibrante e mais sagrada.

> O assunto mais sério de nossa vida deve ser reconhecer o divino em nós e render-se a ele, iniciando pelo autoconhecimento.
> Então, vamos juntos nessa jornada!

Receba de braços abertos este guia simplificado para ajudar você nos seguintes aspectos:

- Você é livre, mas precisa saber das leis universais e como elas funcionam para poder exercer o livre-arbítrio e tomar as decisões corretas.
- Reconheça a centelha divina em você.
- Entenda que Deus, o Criador, é o TODO e que o TODO é TUDO o que existe.
- Entenda que não é possível descrever quem, o que ou como é DEUS; que toda tentativa será equivocada; porém, podemos compreender as leis universais imutáveis, as leis divinas, as causas e efeitos da criação e qual a nossa missão nesse fluxo da vida.
- Entenda que estamos aparentemente separados de Deus e que o nosso principal objetivo deve ser reunificar-se com Ele.
- Conheça um ET especial.
- Reconheça os ETs em nossa vida.
- Expanda a sua consciência por meio do autoconhecimento.
- Evolua espiritualmente. Evoluir, nesse contexto, é sinônimo de avançar em direção ao despertar, à ruptura do véu de Maia, à expansão da consciência ou, ainda, ao caminho para a iluminação.
- Entenda a relação entre a consciência, o livre-arbítrio e a lei da semeadura.
- Conheça a si mesmo e reconheça que você não é daqui.
- Conheça as leis universais que regem o Universo.
- Reflita sobre as perguntas clássicas do ser humano: de onde viemos, para onde vamos, o que estamos fazendo aqui e qual nosso propósito.
- Obtenha ferramentas para identificar e libertar-se de crenças negativas e limitantes.
- Quebre e supere vários paradigmas vigentes.

- Entenda e saia da matrix doentia de nossa sociedade: como estar no mundo, mas não ser do mundo?
- Acabe com a visão romântica da vida e a vitimização.
- Inspire-se com uma história de superação.
- Compreenda de que ser diferente faz toda a diferença.
- Inspire-se com um exemplo vivo de que é possível obter sucesso, prosperidade, felicidade e paz em TODAS as áreas de sua vida.
- (Re)signifique o conceito de felicidade, sucesso, prosperidade e riqueza.
- Aprenda onze técnicas pessoais que chamo de "dicas de ouro de um aluno da vida", que lhe ajudarão em sua jornada de autoconhecimento.
- Principalmente, integre de uma vez por todas o mundo espiritual (energia – o céu) com o mundo material (a matéria – a terra) e por meio dessa integração, viva em paz interior, próspero, saudável, equilibrado e feliz, entenda e transcenda o ego, evoluindo assim em sabedoria, reunificando-se à fonte criadora.

O MAIOR E MELHOR INVESTIMENTO DE TODOS

Imagine que você pudesse fazer um investimento que lhe desse retornos infinitos, mas sem valor mínimo nem máximo para investir, com resgates automáticos continuados e rendimentos extraordinários; que fosse 100% seguro e cujo retorno, além de ser garantido, fosse infinitamente maior do que a média de rendimento de qualquer outro investimento; que gerasse renda contínua e crescente e, ao mesmo tempo, não prejudicasse ninguém, de forma que todos ganhassem. O retorno é garantido a todos. E, principalmente, um investimento que resistisse ao tempo e à morte!

Ainda, e se você pudesse fazer esse investimento sem a necessidade de banco, corretora, consultor ou qualquer instituição ou pessoa especializada? E, ao decidir investir, ter a certeza de que beneficiará você em primeira mão, mas também seus filhos, pais, irmãos, amigos, netos, bisnetos, antepassados, todas as gerações anteriores e as próximas gerações — todos os seres vivos, tudo que está dentro e fora de você, conhecido e desconhecido!

Este investimento existe!

Se você tivesse todas essas características em um só investimento, você não acreditaria! Mas a verdade é que **ele existe**. Então, inevitavelmente, você faria a si mesmo as seguintes perguntas:

1. Quanto devo investir?
2. Que moeda devo usar para investir?
3. Qual é esse investimento?

4. Como faço para investir?
5. Qual é o seu guia prático?
6. O que devo fazer para que esse investimento evolua?
7. Quem ensinou sobre esse investimento?

Respondendo a essas perguntas de forma objetiva:
1. Quanto eu devo investir?
Tudo o que você tem.

2. Que moeda devo usar?
Sua existência nessa terra, seu tempo, sua vida, aqui e agora.

3. Qual é esse investimento?
SABEDORIA: a busca pela sabedoria divina, pela criação, por como tudo funciona, a busca pela verdade última do Universo, no conhecimento de como nos reunificamos com o nosso Criador, com a natureza e com nossos irmãos. Conhecer as leis universais que regem todo o Universo visível e invisível. Saber de onde viemos, quem somos e para onde vamos, começando pelo autoconhecimento.

4. Como faço para investir?
Pare de fazer mal a si e aos outros; menos ego e mais amor. Conheça suas sombras e crenças limitantes. Faça o bem o tempo todo e com 100% de sua capacidade.

5. Qual o seu guia prático?
A SUA INTUIÇÃO: a voz do silêncio, ou seja, a voz de Deus.

6. O que devo fazer para que esse investimento evolua?
DECIDIR. Saia da zona de conforto e entre na zona de evolução. Use o guia prático.

7. Quem ensinou sobre esse investimento?
Nosso criador.

> Não ajunteis tesouros na terra, onde a traça e a ferrugem tudo consomem, e onde os ladrões minam e roubam; mas ajuntai tesouros no céu, onde nem a traça nem a ferrugem consomem, e onde os ladrões não minam nem roubam. Porque onde estiver o vosso tesouro, aí estará também o vosso coração.
> (Mateus 6:19-21)

> Não andeis, pois, inquietos, dizendo: Que comeremos, ou que beberemos, ou com que nos vestiremos?
> Porque todas estas coisas os gentios procuram. Decerto vosso Pai celestial bem sabe que necessitais de todas estas coisas; mas, buscai primeiro o reino de Deus, e a sua justiça, e todas estas coisas vos serão acrescentadas.
> Não vos inquieteis, pois, pelo dia de amanhã, porque o dia de amanhã cuidará de si mesmo. Basta a cada dia o seu mal.
> (Mateus 6:31-34)

Deus não está em você; você é Deus. O próprio. Por isso o assunto mais sério da sua vida deve ser reconhecer o divino em você e render-se a ele. E essa afirmação é válida para todos os seres no Universo.

A nossa vida cotidiana, nossa rotina de trabalho, servindo a família, amigos, governo, religiões, e o nosso modo de "ganhar a vida" na maioria das vezes não nos permitem observar ou ser conscientes dos aspectos "invisíveis" da realidade. No máximo, observamos nossos pensamentos e emoções, e ainda assim não percebemos que a maioria deles é involuntária. Nossas crenças, que determinam a nossa realidade e fazem parte do nosso ser, em sua maioria estão ocultas em nossos inconscientes. Quando despertamos para esses questionamentos e começamos a buscar pela "verdade do invisível", normalmente, por julgar o tema como menos prioritário, dizemos que não temos tempo, pois parece ser um assunto muito difícil ou que não gera "dinheiro, fama ou poder". No entanto, esses assuntos deveriam ser a prioridade máxima na vida das pessoas, pois tratam de entender e resolver as causas. Ao equalizarmos as causas, os efeitos automaticamente se resolverão de maneira benéfica, e as questões visíveis serão solucionadas por consequência.

Por isso, recomendo dar prioridade a esses assuntos supra-humanos: organize-se e invista um de seus maiores patrimônios nisso — o seu tempo.

Há um impulso interno no coração de cada ser, pulsando pelas questões existenciais. Essas perguntas, se investigadas com responsabilidade, discernimento, dedicação, honestidade e alegria, se tornarão o nosso guia em nossa jornada, rumo a uma vida transformada que tem como resultado a prosperidade, alegria, sabedoria, saúde, harmonia e paz.

É nesta jornada do conhecimento do invisível que esta obra se propõe a contribuir de forma prática, baseada em minhas experiências pessoais e também na sabedoria adquirida de grandes mestres do conhecimento universal.

Confio que este livro vai inspirar aqueles que buscam a verdade objetiva e que se consideram livres pensadores. Os temas aqui tratados são indicativos que podem acelerar o seu processo evolutivo, transformando a sua vida, a sua visão de mundo, ou simplesmente despertando para o autoconhecimento. O resultado, de qualquer forma, será positivo e voltado para o bem maior, pois a semente que está sendo plantada é a do amor, da compaixão e da alegria.

Por isso, convido-o a desdobrar comigo assuntos relevantes nos próximos capítulos, explorados de forma suscinta, mas com o objetivo de despertar a consciência e inspirar amigas e amigos de todo o mundo rumo à evolução espiritual. O despertar. Vamos lá!

O UNIVERSO

Deus pensa de maneira grandiosa e não tem paradigma nem limite algum. É infinito, indescritível, inominável, mas é a realidade última, embora incompreensível. Qualquer pensamento ou ser que tente definir a grandiosidade de Deus estará equivocado. O Universo "também" é Deus.

A ciência indica que nosso Universo conhecido pode ter 100 trilhões de galáxias, das quais apenas cerca de 100 milhões foram fotografadas. A nossa galáxia, a Via Láctea, contém aproximadamente 400 bilhões de estrelas, e o nosso Sol é uma delas. Para se ter uma ideia, podemos ver a olho nu, em noites sem nuvens, cerca de 9 mil estrelas, companheiras do Sol. Cada estrela pode ter dezenas ou centenas de planetas orbitando ao seu redor. As galáxias são classificadas por tamanhos: P, M, G, GG e Mega GG. A Via Láctea, de tamanho M, tem um diâmetro de 100 mil anos-luz, e sua estrutura helicoidal se estende por 800 mil anos-luz de distância. Um ano-luz representa cerca de 9,5 trilhões de quilômetros. A circunferência da Terra mede aproximadamente 40 mil quilômetros, e o diâmetro do nosso Sol é 110 vezes maior, chegando a 4,3 milhões de quilômetros. UY Scuti, a maior estrela da Via Láctea, é 1.700 vezes maior que o Sol.

Andrômeda, nossa galáxia vizinha, de tamanho G, contém 1 trilhão de estrelas. Galáxias de tamanho GG podem conter 3 trilhões de estrelas, enquanto as Mega GG podem ter até 100 trilhões. Temos, portanto, dificuldade em compreender a imensidão do Universo, mas sabemos que ele existe e é real. Por isso, devemos pensar em Deus de forma ilimitada, poderosa, inteligente, sem qualquer tentativa de confiná-lo em conceitos ou definições humanas.

> **Deus tem mania de Grandeza.**
> **Um Universo grandioso, que não somos capazes de concretizar em nossas mentes e percepções, nem sequer como um grão de areia universal. E tudo isso é apenas o que sabemos; imagine o que ainda não foi descoberto? E os multiversos? E as outras dimensões? Os Universos paralelos operando em outras frequências? Não há contestação razoável para essa realidade objetiva, que é o Universo conhecido, nem para a existência de uma inteligência absoluta, divina e sagrada, que permeia, contém e é contida por tudo o que existe, visível e invisível. Essa inteligência emana, planeja, organiza, mantém, controla e administra tudo por meio de uma hierarquia divina, extremamente organizada, poderosa, inteligente e amorosa.**

Em verdade não temos noção absoluta da grandiosidade de tudo isso, muito menos da infinidade e magnitude da existência. Aqui se encaixa perfeitamente a célebre frase atribuída a Sócrates: "Só sei que nada sei".

A FUNDAÇÃO DO UNIVERSO

A teoria mais aceita sobre a fundação do Universo é a de que o Universo conhecido teve a sua emanação inicial há 13,8 bilhões de anos e, por dedução lógica, aparentemente continua crescendo, expandindo e evoluindo sem parar, infinitamente!

A prova disso é que há neste planeta mais de 200 mil nascimentos todos os dias; incessantemente, novas vidas surgem, sem contar a abundância da natureza animal e vegetal. Astros de todos os tipos também nascem diariamente no Universo. Considerando que nosso planeta tem aproximadamente 4,5 bilhões de anos, já temos uma noção da diversidade e do tamanho da vida que abriga. Imaginem os trilhões de planetas no Universo; quantas civilizações podem já ter habitado nosso planeta ao longo de bilhões de anos, sem mencionar os outros planetas ao redor de nossa própria galáxia. Se investigarmos a história da humanidade, encontraremos indícios e provas contundentes da existência de civilizações avançadas que precederam a nossa, assim como nosso próprio corpo biológico, que apresenta características extremamente sofisticadas em termos de funcionamento e reprodução.

Praticamente todo nosso corpo funciona de forma involuntária, e isso, por si só, é intrigante! Trata-se de uma tecnologia extremamente avançada, que permite à alma humana por meio de um corpo avançado viver neste planeta, sob essas condições climáticas. Salvo pequenas diferenças estéticas. Por que todos os seres humanos têm corpos, órgãos e células semelhantes? Não é intrigante isso?

Entre outras questões subjacentes à nossa existência, isso nos impulsiona a avançar ainda mais na busca pelo autoconhecimento.

Planetas, estrelas e supernovas, estão em constante nascimento e morte, em um movimento frenético de expansão e contração.

Com isso, surge a pergunta sobre as diversas vidas que habitam o Universo há bilhões de anos, bem como a existência de uma hierarquia divina extremamente organizada que planeja, controla e administra tudo e todos.

Podemos, então, sugerir que *o ser humano não é o centro do Universo*; isso pode parecer óbvio, mas a maioria de nós não pensa assim. A mudança desse paradigma é o início do despertar de nossa consciência para algo transcendental. Deus não é feito à nossa imagem e semelhança, somos nós que nos moldamos à imagem e semelhança Dele, pois enxergamos Deus de acordo com o nosso estado de espírito, nossas crenças e nosso atual nível de consciência. Por isso, não sabemos quem ou o que realmente é Deus.

Deus é infinitamente maior do que podemos sequer imaginar, ou seja, é inacreditavelmente grandioso em tamanho, poder, sabedoria e, principalmente, em amor.

Portanto, não é mais aceitável, em pleno século XXI, imaginar que Deus é um velhinho de barba branca, sentado em um trono em algum lugar no céu, com um cajado na mão, julgando quem está certo e quem está errado, não é mesmo?

Você também é Deus.

O Universo também é Deus.

O CRIADOR E A CRIAÇÃO

A imagem que você possa conceber do Criador
Não é a sua verdadeira realidade;
Qualquer nome ou forma que você lhe atribuir
Certamente não indicará seu verdadeiro
Nome ou forma:
No imanifesto e no inominável está a origem do
Céu e da Terra.
Todas as coisas a que podemos dar nomes
Têm sua origem no manifesto.
Somente através de nossa existência
Poderemos contemplar o imanifesto.
Só compreenderemos a essência do Criador
Quando nos tornarmos um com ele.
Esse, sem dúvida, é o grande mistério.
Conhecê-lo realmente é o cerne da Sabedoria suprema.

(Capítulo 1 do *Tao Te King* - Laércio Fonseca)

O que há "antes" do Big Bang?
Qual é a energia criadora primária?
Como existe equilíbrio e harmonia em todo o Universo?
Quando nos referimos ao Criador, é essencial nos envolvermos em mais perguntas e menos respostas, mais investigação e menos paradigmas, mais abertura e menos razão, mais liberdade e menos medo, mais busca e menos certezas, e por consequência, mais evolução!

Há um só oceano de pura energia criativa: o oceano primordial de energia, o Criador consciente e perfeito que decide emanar de si mesmo — desse oceano de energia pura — o Universo, os Multiversos e tudo o que neles existe, incluindo todos os seres, toda a natureza, tudo o que é visível e invisível: TUDO. Essa consciência emana infinitamente e "mantém" suas emanações eternamente. É a ideação divina manifestando-se, o céu se tornando terra. Por isso, tudo tem um curso, um fluxo, regido por leis divinas.

Essa energia consciente que podemos chamar de O TODO ou DEUS, cria, por meio de emanações individualizadas, complexidade para o próprio TODO quanto para as emanações individuais. Através de um processo de evolução infinita e por meio de sua liberdade — o livre-arbítrio — essas emanações decidem seguir o curso, o fluxo da Energia Mãe, que também pode ser chamada de AMOR. Assim, evoluem de maneira alegre, leve e próspera em direção à reunificação com a própria Mãe Universal, adquirindo informações por meio de experiências. Essa contribuição, por sua vez, atende ao objetivo do TODO de forma leve e amorosa. Alternativamente, podem optar por contrariar o fluxo, também utilizando o livre-arbítrio, o que atrasa o processo de reunificação e resulta em tristeza, instabilidade, insegurança, desespero, decadência e desequilíbrio.

"Você não é uma gota no oceano. Você é
um oceano inteiro numa gota." (Rumi)

O CRIADOR

O Criador, o TODO, na China é chamado de Tao (o fluxo – o caminho – o movimento); na Índia, de Brahma; no Ocidente, de Deus; e no Oriente Médio, de Alá. A nova física (física quântica) refere-se a ele como o oceano primordial de pura energia, ou o "vácuo quântico". No Egito, era conhecido como Aton, o monoteísta. Além disso, os metafísicos exotéricos o denominam "a consciência Una", uma única onda que contém e é contida em todas as outras ondas. Ondas são energia, energias são frequências, frequências são vibrações, e vibrações são informações. Portanto, tudo o que existe é energia, é informação.

Explicando de outra forma, podemos imaginar Deus como uma grande rede de wi-fi que conecta tudo e todos. No entanto, a maioria dos terminais dessa rede não tem consciência de que fazem parte do todo, enxergando apenas o seu próprio terminal e acreditando estarem desconectados do TODO. Porém, a grande central da rede conhece e controla tudo. Quanto mais consciente da existência da rede o terminal se torna, mais energia é liberada e maior é o seu alcance. Deus é como uma única onda de energia que envolve tudo o que existe.

O criador emana, primeiramente, os dois principais arquétipos fundamentais: os polos positivo e negativo, as primeiras manifestações no mundo da matéria. Na China, são conhecidos por Yin e Yang. Na Índia, como Krishna & Shakti. No Ocidente, como Adão e Eva. E, na física quântica, como Próton e Elétron, as partículas fundamentais da construção do Universo, os verdadeiros "tijolinhos" da criação universal.

E dessa união entre o positivo e o negativo nascem todas as coisas no Universo, que permanecem unidas por compartilharem a mesma origem e continuarem conectadas. Daí surge a expressão "irmãs e irmãos".

A Ideação Divina precede as moléculas subatômicas, pois estas são apenas consequências da Ideação consciente, a qual cria Universos. Universos continuam a ser criados; e seres, a ganhar informação; ganhando informação, evoluem e geram complexidade, infinitamente.

Então, por que resistir a essa realidade? Somos livres para decidir, livres para investir em nosso eterno futuro. Livres para aprender com nossos mestres mais evoluídos e livres para escolher conhecer a nós mesmos, a maior riqueza que podemos imaginar e que, por completo, negligenciamos. Temos tudo ao nosso alcance. Somos alunos, aprendizes, e temos tudo de que precisamos para evoluir. Basta uma decisão: ser livre para aprender, para iniciar o caminho do autoconhecimento. Não falta material para estudos e experiências, mas há a negação da realidade. Não acredite apenas no que lhe falam ou ensinam, pois, em grande parte, fomos enganados. Teste em si mesmo, avalie e valide, não aceite o processo de negação. Devemos buscar a verdade mais profunda. É possível nos libertarmos das correntes aprisionadoras que a família, a sociedade, a cultura e as religiões tantas vezes tentam manter sobre nós.

> Por favor, vá além de apenas confiar no que eu digo. Teste em você mesmo; só assim poderá avaliar e validar de forma genuína e autêntica, compreendendo mais profundamente a verdade divina, a verdade da criação. Deus não se entende, Deus se sente. Deus não se compreende, Deus é.

ENERGIA, MATÉRIA, CONSCIÊNCIA E A REALIDADE OBJETIVA

> "Tudo é energia e isso é tudo o que há. Sintonize a realidade que você deseja e inevitavelmente essa é a realidade que você terá. Não tem como ser diferente. Isso não é filosofia. É Física!"
>
> (Albert Einstein)

Antes de nos aprofundarmos nesse assunto tão complexo, quero deixar claro de que não há uma unanimidade científica em relação às teorias da física quântica. Eu não sou físico. O objetivo aqui é direcionar sua atenção para o processo de construção da realidade, ou pelo menos, apresentar indicativos que apontem para esse caminho. Admito minha limitação no entendimento desse tema, seja a física quântica ou mesmo a física convencional, com suas divergências e complexidades. Sabemos que, para compreender essas questões profundamente, é necessário primeiro entender a física clássica e avançar para a física quântica. No entanto, o propósito deste texto não é concordar ou discordar das teorias científicas ou metafísicas, nem me aprofundar nesses estudos. Meu foco é oferecer uma visão filosófica do tema, com uma breve introdução sobre o que é energia de forma simples e prática: energia são ondas. É frequência, é vibração. Tudo no Universo vibra.

Ou seja, o Universo é composto de ondas e frequências. Ele é organizado por níveis de frequência, uma lei universal que, quando compreendida, faz todo o sentido.

> "Se você quer encontrar os segredos do Universo, pense em termos de energia, frequência e vibração." (Nicolas Tesla)

Para entendermos como funciona o Universo, precisamos compreender claramente como a menor parte dele opera; se entendermos o micro, entenderemos o macro. Como diz Hermes Trismegisto: "assim como é em cima é em baixo". Para isso, precisamos compreender o que é um átomo. Tudo no Universo é formado por átomos (compostos por elétrons, prótons e nêutrons). As partículas fundamentais de tudo o que existe são compostas por estruturas atômicas, consideradas a "menor parte da matéria", que não conseguimos ver a olho nu. Um elétron, por exemplo, vibra a quinhentos trilhões de ciclos por segundo, um átomo vibra a nove bilhões de ciclos por segundo, enquanto o olho humano consegue enxergar vibrações em torno de trinta a sessenta ciclos por segundo. Já nossa audição capta frequências que variam de vinte (sons mais graves) a vinte mil ciclos por segundo (sons mais agudos), dentro do chamado espectro visível ou perceptivo. Por isso, não vemos, ouvimos ou sentimos as frequências atômicas subliminares.

A tristeza, por exemplo, vibra a 75 ciclos por segundo; o medo, a 100; a raiva, a 150; e o amor, a 528 ciclos por segundo. Por isso, não vemos esses sentimentos, pois são ondas de informações que têm uma frequência mais alta do que nosso aparelho visual ou auditivo pode captar. Um átomo é uma onda; onda é vibração. Tudo no Universo é onda. Existem várias ondas que estão contidas na grande onda. Assim como um oceano, que é equivalente ao oceano primordial de energia, com suas várias derivações e reflexos nas pequenas ondas, mas tudo é oceano.

Um átomo é composto por prótons, nêutrons e elétrons. O próton tem carga positiva e o elétron, carga negativa. O próton é composto por três quarks, e cada quark é formado pelo bóson de Higgs ou supercordas. O bóson de Higgs, que são as partículas subatômicas, surgem a partir do oceano primordial de energia pura. Assim, percebemos que, quanto mais profundamente analisamos e entendemos a estrutura da massa — reduzindo-a, por exemplo, do corpo humano para órgãos, para células, para moléculas, para átomos, para quarks, para bóson de Higgs — chegamos ao oceano primordial de energia pura. Quanto menores as partes da matéria, maior é a vibração e a frequência. Por isso, não conseguimos enxergar a olho nu moléculas e átomos; ondas não são percebidas pelos cinco sentidos.

Entretanto, uma mesa, uma parede, uma cadeira, um corpo humano e a luz solar são visíveis. Os átomos estão presentes em tudo o que existe: no corpo humano, no fio de cabelo, na parede, na luz solar, na água do mar, na poeira cósmica, nos anéis de Saturno, nas grandes luminosas, nas moléculas do pó da lua, nas frutas e verduras, nos seus pensamentos, nas suas emoções, nas ondas de rádio, TV, GPS, em tudo. É apenas uma questão de percepção dessas ondas.

A nossa consciência (alma) ou espírito também é "feita" de ondas, mas a estrutura atômica, por operar em outra dimensão, segue leis físicas diferentes que ainda não conhecemos. Contudo, é uma onda de informação que está contida no oceano primordial de energia e certamente compõe e obedece a leis naturais inerentes àquela natureza, porém em "outro mundo".

Portanto, a percepção da realidade (as ondas de informações atômicas) está mais relacionada à nossa capacidade de percepção do que à realidade em si. A realidade última é a percepção total de tudo, ou seja, A VERDADE COMO ELA É. A REALIDADE OBJETIVA. Deus em sua plenitude. Lembrando que não estamos nos referindo apenas à terceira dimensão, aquelas que os microscópios e telescópios terrestres conseguem captar, mas a todas as dimensões da realidade. Conforme já dissemos, tudo é vibração e frequência. O "local" de que falamos é a frequência, que pode ser infinita. Assim, não podemos descartar outras dimensões da realidade só porque a maioria de nós não as percebemos.

Os camarões, por exemplo, têm uma percepção sensorial táctil muito mais avançada que a do ser humano; um cão tem uma percepção de audição quatro vezes maior que a nossa; uma águia tem uma visão cinco vezes mais apurada que a do ser humano; um urso polar tem uma percepção olfativa cem vezes mais potente que a nossa, e assim por diante.

Então, podemos afirmar que a realidade não é o que percebemos com nossos cinco sentidos. Percebemos apenas uma fração da realidade, distorcida ou limitada. Precisamos compreender essa verdade, assumir nossa ignorância e limitação perceptiva e, a partir desse ponto, iniciar o autoconhecimento e o autodesenvolvimento para alcançar percepções mais avançadas. À medida que esse processo evolutivo ocorre, nossa visão se amplia, e muitos chamam isso de a visão do terceiro olho.

Esse parece ser o caminho da luz, sair da escuridão da ignorância e caminhar em sentido ao conhecimento universal, à realidade última. É um processo. E é essa a nossa verdadeira missão, a nossa jornada: sair do mundo das trevas, das visões e percepções limitadas, e caminhar em direção à luz da sabedoria da realidade objetiva.

A matéria é uma energia mais condensada, ou seja, de menor frequência. Embora existam teses que afirmam que a frequência mais sutil seria a menos vibratória — o que contradiz o que descrevemos aqui —, sob o ponto de vista filosófico, isso é irrelevante. O fato é que tudo no Universo é movimento ondulatório, frequencial, e o importante aqui é tomar consciência desse aspecto, dessa lei e de suas consequências.

Uma frequência que podemos perceber com nossos cinco sentidos é a que chamamos de matéria; os físicos a chamam de massa. Essa distinção, a meu ver, serve apenas para fins didáticos, pois, em síntese, tudo é energia. Não existe "massa" de fato.

Então, energia é informação. A informação está contida nas estruturas atômicas, sejam elas desta natureza ou de outra, "mais sutil", de "outro mundo". Sabendo que a matéria visível e percebida é determinada frequência, quanto mais alta a frequência (ou mais sutil), menos os nossos sentidos conseguem percebê-la. Toda energia contém uma informação intrínseca, seja essa informação de um livro, uma cadeira, um raio de sol, um fóton de luz, um pensamento, uma fruta, um veículo, uma casa, um planeta, uma galáxia, um espírito, uma personalidade, ou qualquer outra coisa. Tudo é energia, e toda energia contém uma informação inerente a ela. Então podemos afirmar que a manifestação na matéria, essa energia mais condensada é, de fato uma informação — uma certa frequência, uma onda de informação —, e essa onda, quando percebida pela nossa consciência, se torna real, ou seja, torna-se parte da nossa realidade percebida. Isso não significa necessariamente que ela se torne visível ou palpável no sentido físico, mas sim que ela passa a ser reconhecida e processada pela nossa mente como existente. É aqui que entendemos que a consciência é a base de tudo. A consciência é o centro de atividade Universal.

> "A matéria é o espírito em seu nível mais baixo. O espírito é a matéria em seu nível mais elevado." (Helena Blavatsky)

AS LEIS UNIVERSAIS HERMÉTICAS

Nesta jornada do autoconhecimento e busca pela verdade última do Universo, é de extrema importância que avancemos na compreensão e incorporação da sabedoria universal, ou seja, das leis que regem o Universo, do qual fazemos parte e que normalmente não conhecemos, ou conhecemos apenas alguma fração.

Por milênios, o ser humano tem deixado rastros, indicativos, elementos e provas da existência de um TODO que, ao mesmo tempo, abarca todas as partes. Ele é tudo o que existe, de onde tudo emana e no qual tudo se envolve, como uma dança entrelaçada de átomos que envolve e é envolvida por tudo. Esse TODO é autoconsciente, e por isso operacional, regendo-se por leis Universais que se aplicam a TUDO — a própria lei está dentro do TODO.

Os sinais evidentes dessas leis, observadas e vividas por nossos irmãos e irmãs do passado e do presente, notadas na história da humanidade, nas religiões, filosofias e estudos metafísicos, passadas de geração em geração, nos proporcionam a oportunidade de aludir ao nosso consciente as LEIS UNIVERSAIS que demonstram como a realidade funciona.

Pretende-se aqui trazer à luz da consciência a existência dessas leis e humildemente apontar minúsculos aspectos relacionados a elas. Essas leis, à luz da filosofia hermética, não representam um credo absoluto ou dogmático, mas sim um estudo incondicional de leis universais. A força criadora, inteligente e de toda a sabedoria contida nessas leis pode não estar plenamente ativa na consciência da maioria dos seres humanos em seu atual estado de ser, mas quando trazidas ao consciente e principalmente vivenciadas em sua plenitude e devoção, certamente elevarão o estado do nosso ser a patamares mais altos, mais vibrantes, mais felizes e mais reais.

Convido os amigos e amigas a procurarem saber mais sobre estas leis, suas causas e efeitos, observando-as e testando-as em vossas vidas práticas. Por fim, elevando a consciência a níveis mais altos.

As 7 leis herméticas são originadas da filosofia hermética, supostamente iniciada no antigo Egito, palco de mistérios e berço do esoterismo, ocultismo e tantos outros aspectos metafísicos que permanecem vivos, intrigantes e chocantes até os dias atuais, tamanha sabedoria daqueles povos. Iniciada no Egito sob a denominação do deus Toth, seguindo até a Grécia sob a denominação do deus Hermes (o mensageiro) e, mais tarde, chegando a Roma sob a denominação do deus Mercúrio. Todos representam o espírito e a filosofia hermética, obviamente contada de formas diferentes, de acordo com a cultura de cada povo e época. A filosofia hermética tem sua autoria desconhecida mas é atribuída a Hermes Trismegisto, "o três vezes grande" do Egito (o deus Toth), e suas mensagens objetivas relacionadas às leis estão inscritas no compilado de princípios chamado de "Corpus Herméticos" bem como na "Tábua de Esmeraldas".

AS 7 LEIS HERMÉTICAS

"Os princípios da Verdade são sete: aquele que os conhece perfeitamente possui a Chave Mágica, cujo toque abrirá todas as Portas do Tempo." (O Caibalion)

LEI DO MENTALISMO

"O TODO é mente; o Universo é Mental." (O Caibalion)

Deus é o TODO e é consciente. Tudo o que existe está no TODO e Dele tudo é emanado. Tudo está "dentro Dele". Não existe nada fora Dele. Tudo é MENTAL. Tudo é Energia. Tudo é uma só onda e, em última análise, não existe o que chamamos de matéria. A mente não é o cérebro. O cérebro é uma parte menor da mente. O pensamento é parte da mente. Pensamentos são ondas, ondas são energia e energia é informação. Resumindo a máxima cristã: "Nenhum fio de cabelo cairá sem o conhecimento de Deus".

LEI DE CORRESPONDÊNCIA

> "Assim em cima como embaixo; assim embaixo como em cima." (O Caibalion)

O "microcosmo", como Platão definia, é o minimundo que o ser humano habita e é similar ao macrocosmo. Um átomo, com o próton ao centro e o elétron girando ao redor dele em um sistema esférico em movimentos rotatórios, é similar ao planeta Terra, com a sua lua girando ao seu redor em um sistema esférico e rotacional igual. O planeta Terra é similar ao Sistema Solar, que tem como centro a Estrela Sol, e este, por sua vez, é similar à galáxia e assim por diante. A exemplo da cosmologia, podemos estender esta lei a tudo o que existe. O que existe no micro também existe no macro e vice-versa. A nossa mente é similar à mente do TODO: Deus nos fez à Sua imagem e semelhança.

LEI DA VIBRAÇÃO

"Nada está parado; tudo se move; tudo vibra." (O Caibalion)

Tudo é "feito" de átomos, e átomos vibram em frequência. Tudo no Universo é energia, ou seja, ondas vibracionais que diferem apenas em níveis de vibração. Vibração é frequência e frequência é informação; é assim que o Universo é organizado: por níveis de informação/frequência. A física quântica, por meio de inúmeros experimentos contemporâneos, prova de forma contundente que "tudo vibra" e que a consciência exerce influência ativa nas estruturas atômicas e subatômicas de nossa realidade. E tudo é feito através de ondas de informação em movimento e organizados. Lembrando que a teoria do caos não se refere a um estado caótico ou "sem ordem", mas sim a um estado de infinitas possibilidades, elementos atômicos e subatômicos da substância primordial disponíveis e aguardando instruções da consciência, digamos, átomos aleatórios em estado de "potencialidades", aguardando instruções e decisão do observador — a consciência.

Este aspecto está sendo explorado aqui porque essa lei, provada exaustivamente pela mecânica quântica por meio de inúmeros experimentos, é aceita no campo da eletrônica e alta tecnologia. No entanto, é negada e negligenciada pela ciência ortodoxa e, por conseguinte, pela maioria da população quando aplicada ao estudo da metafísica e à realidade do funcionamento do Universo a nível subatômico. Em última análise, isso se refere à aplicação do estudo mais profundo da consciência humana e divina. Essa lei, advinda de experiências milenares de nossos irmãos e irmãs humanos, é provada atualmente pela mecânica quântica através dos mais avançados equipamentos e serve como prova irrefutável de que ela se aplica sim ao nosso ser e ao Universo. À luz dessa lei, muda-se o paradigma vigente do materialismo e determinismo para um novo paradigma: o da consciência como centro decisório que cria a realidade.

LEI DA POLARIDADE

> "Tudo é duplo; tudo tem polos; tudo tem seu par de opostos; semelhante e dessemelhante são o mesmo; os opostos são idênticos em natureza, mas diferentes em grau; os extremos se encaixam; todas as verdades são meias verdades; todos os paradoxos podem ser reconciliados." (*O Caibalion*)

A exemplo de um termômetro numa escala de níveis de temperatura, entendemos que a natureza que se mede aqui é a da temperatura, que pode ser mais quente ou mais fria. Porém, não há um "ponto neutro", apenas diferentes graus de temperatura. Podemos afirmar que a definição de calor ou frio é subjetiva e interpretada de acordo com o estado de ser de cada pessoa. Para uns, a temperatura de dez graus Celsius pode ser fria e para outros pode ser quente. Da mesma forma, a coragem e o medo, a paixão e o ódio, a preguiça e a vontade, as trevas e a luz podem ser interpretados de diferentes maneiras. Apenas os graus de intensidade divergem; porém, a natureza do que é medido é a mesma.

Constata-se também nesta lei de que é possível alterar os níveis dos aspectos de mesma natureza, como transformar medo em coragem ou preguiça em vontade. No entanto, não se pode modificar pobreza em coragem ou medo em prosperidade, porque tratam-se de naturezas diferentes. Ao nos tornarmos cônscios dessa lei, podemos exercer influência sobre a intensidade da natureza daquele aspecto por meio da intenção de nossa consciência em aumentar a vibração de um polo mais baixo para um mais alto. Lembrando que não podemos alterar a natureza do aspecto, mas podemos aumentar o grau para um nível desejável.

LEI DO RITMO

> "Tudo tem fluxo e refluxo; tudo tem suas marés; tudo sobe e desce; tudo se manifesta por oscilações compensadas; a medida do movimento à direita é a medida do movimento à esquerda; o ritmo é a compensação." (*O Caibalion*)

Uma lei é aplicada em todo o Universo e em todos os aspectos da vida. O maior exemplo que temos é o coração humano que apresenta fluxos positivos e negativos, atração e repulsão, fluxos eletromagnéticos, ininterruptos, constantes, vivos e, principalmente, a constatação de que a medida e velocidade de um lado são as mesmas para o outro. O mesmo acontece com as marés, com a cosmologia, com a economia, com a psicologia, com os mundos quânticos etc. Podemos também chamá-los de ciclos, ou de movimentos, de fluxo ou ritmo. Entender essa lei nos permite refletir sobre os movimentos de subida e descida em nossas vidas, os famosos "altos e baixos", aprendendo e evoluindo em ambos os sentidos. Alguns exemplos são: quando há um nascimento, há alegria, e quando há morte, há tristeza. Entretanto, sabemos que, em algumas culturas o sentimento é oposto, mas independentemente disso, há aprendizado em ambos os polos. Outro exemplo está na economia, quando há períodos de expansão (que vemos como positivos) e outros períodos de retração (que vemos como negativos), porém há crescimento em ambos. E essa é a lei. A pergunta é: será possível transmutar essa lei? Tornar-se imune a ela? Sim, há essa possibilidade. A elevação de nossa frequência através da evolução e do despertar de nossa consciência poderá nos elevar a um ponto em que nos tornemos imunes a essa lei, por meio da transmutação, que age como uma lei maior, sobrepondo-se à menor. Transmutar é mudar de estado. A exemplo de um pêndulo: ao invés de ficarmos inertes ao movimento para a direita e a esquerda, pendurados na ponta, sofrendo todas as pressões de tais movimentos, podemos nos elevar ao nível do eixo central do pêndulo e, assim, estaremos em estado neutro, e esta lei não poderá exercer influência sobre nós. Perceba que não há como "fugir" desta lei ou anulá-la. Existe, sim, a possibilidade de elevar-se ao eixo central, ao ponto de neutralidade, analogamente às circunstâncias de nossa vida, à natureza e ao Universo. Essa intenção de mover-se em direção à neutralidade é uma vontade interior de elevação, e seu reflexo poderá ou não ser observado no mundo exterior. O fluxo da vida é puro amor. Amor é tudo o que existe. Ele é a energia que permeia tudo e que dá ritmo ao Universo. Elevar-se e transmutar a lei menor do ritmo significa transmutar o próprio ser e avançar em direção ao amor incondicional, que é a única forma de neutralizar essa lei. Amar incondicionalmente é transcender.

A LEI DA CAUSA E EFEITO

> "Toda a causa tem o seu efeito; todo efeito tem a sua causa; tudo acontece de acordo com a lei; o acaso nada mais é do que um nome dado a uma lei não reconhecida; há muitos planos de causalidade, mas nada escapa da lei." (*O Caibalion*)

Conhecida em diferentes religiões e filosofias por diversos nomes, tais como a lei do Karma, lei da semeadura, eletromagnetismo, entre outros, essa lei tem uma compreensão comum: a de contabilidade cósmica, uma contabilidade eterna que se refere à alma humana. Para compreender essa lei, precisamos necessariamente abordar, mesmo que de maneira didática, o conceito de reencarnação. Vale destacar que aqui não faço apologia ou distinção a nenhuma religião ou filosofia específica, mas busco elementos comuns que nos conduzam à verdade dessa lei. Nesse sentido, podemos afirmar que o ser humano, considerado um microcosmos (um minimundo) no Universo, é eterno em sua essência energética e sabemos que a energia não desaparece, a morte física não extingue a vida. Esse ser humano, com suas complexidades, é um minimundo, um centro de força eletromagnética, emitindo e recebendo energias, vibrações, frequências. Desde sua emanação, a consciência está sujeita à lei do livre-arbítrio, ou seja, a lei de causa e efeito está diretamente ligada ao livre-arbítrio. Portanto, temos o poder de decisão, e nossas decisões, conscientes ou inconscientes, geram consequências eletromagnéticas em dois caminhos distintos: a) positivo ou b) negativo. Mas qual é o fator determinante para que o campo eletromagnético se polarize positiva ou negativamente? É o amor. Esse é o fluxo natural da vida e do Universo. O Amor. Nossas decisões, quando alinhadas com o amor, geram créditos, e quando se opõem ao amor, gera débitos. A essa contabilidade cósmica chamamos de lei de causa e efeito. Lembrando que somos um campo energético que existe antes de nascermos e após morrermos. Somos eternos e estamos em movimento.

De acordo com os nossos pensamentos, sentimentos, palavras e ações, acumulamos créditos ou débitos nessa "contabilidade da alma", ou "contabilidade cósmica", polarizando-nos positiva ou negativamente.

O que gera débito:

- Pensamentos, sentimentos, palavras e ações contra o amor;
- Omissão ao amor.

O que gera créditos:

- Pensamentos, sentimentos, palavras e ações a favor do amor. Outro aspecto a ser analisado aqui são as múltiplas sincronicidades, aparentemente casuais, que ocorrem em nossas vidas e que certamente são efeitos de causas geradas no passado pela lei da causa e efeito, gravadas em nosso campo eletromagnético e trazidas ao presente. Incluem-se aqui causas geradas desde a emanação do ser no início dos tempos. Não existe o acaso, existe a lei da semeadura se manifestando. O que vemos em nossa vida hoje são os efeitos de causas passadas, porém, o que acontece na maioria das vezes é que somos ignorantes quanto a origem dessas causas. Podemos nos perguntar se há algum determinismo em nossa vida e, nesse caso, o livre-arbítrio não faria sentido, mas como o livre-arbítrio é uma lei, a causa e efeito também atuam em nossas vidas. Sendo assim, considerando que estamos vivendo apenas efeitos de causas passadas, podemos afirmar que nossa vida é, de certa forma, pré-determinada, pois nossas decisões geraram um campo energético que atrai mais do mesmo. No entanto, há a possibilidade de, por meio de nosso livre-arbítrio, decidirmos "criar créditos a favor do amor", gerando assim uma condição futura diferente, com efeitos mais positivos. Dessa forma, vivemos simultaneamente os efeitos negativos de causas passadas, sejam elas quais forem, juntamente com os efeitos positivos das novas causas, criando assim mais créditos do que débitos. A lei de contabilidade cósmica demonstrará automaticamente que o balanço neutralizou débitos e começou a criar créditos em direção ao total pagamento da dívida, que significa a iluminação, a salvação, a reunificação com a totalidade.

LEI DE GÊNERO

> "O Gênero está em tudo; tudo tem seu Princípio Masculino e seu Princípio Feminino; o Gênero se manifesta em todos os planos." (O Caibalion)

A Lei do Gênero, assim como todas as outras leis, aplica-se a todos os planos, desde os mais sutis até os mais densos, abrangendo os planos espiritual, mental e físico. No plano físico, essa lei se manifesta através do sexo, o que é facilmente compreensível devido à sua aplicação prática e visível. No entanto, nos planos mental e espiritual, essa lei também está presente e viva, embora se manifeste de maneira diferente.

O conceito de gênero é criação, regeneração, geração! Portanto, para que ocorra o processo de criação, necessariamente, deve-se ter o aspecto masculino e o feminino. Em todo aspecto masculino há o feminino e, em todo aspecto feminino há o masculino. A mente é criadora e precisa desses dois aspectos para que se desenvolva o processo de criação. Escolas iniciáticas de diversas formas explicam esse processo, mas o cristianismo, de forma simples, o faz através da metáfora da Noiva (Alma Humana) e o Noivo (Jesus – o Espírito,) gerando a Nova Alma Livre. Os campos eletromagnéticos também refletem a verdade dessa lei. A matéria que conhecemos é fruto da criação através da Lei do Gênero. Para se chegar ao nível do átomo, são necessários prótons (carga positiva) e elétrons (carga negativa). De forma simplória, elementos subatômicos positivos (masculino) e negativos (feminino) "geram" os átomos, que geram as moléculas, que geram as células, que geram os órgãos, que geram o ser humano e tudo o que existe no Universo.

Em termos religiosos universais, a criação do ser humano pode ser representada pelo Pai (Espírito Universal) e pela Mãe (Matéria). Vale ressaltar que o termo "negativo" nada tem relação com os conceitos convencionais, erroneamente atribuídos ao aspecto feminino como algo inferior ou ruim. Ele representa apenas o fator de geração, igualmente e com o mesmo poder no processo de criação. As maiores autoridades científicas atuais alteraram o termo "negativo" para "cátodo". O polo cátodo (negativo) é considerado a "mãe" de todos os fenômenos intrigantes da mecânica quântica, atraindo atenção dos cientistas da atualidade. O cátodo, ou polo negativo, é o princípio materno dos fenômenos elétricos e das formas mais sutis da matéria conhecidas pela ciência até hoje. Em resumo, podemos afirmar que a energia feminina e a energia masculina são responsáveis pela criação do Universo e de tudo o que existe nele. Todos nós temos um polo masculino (positivo) e um polo feminino (negativo) intrínsecos. Os fenômenos observados nos corpos celestes, por meio da gravitação e outras leis físicas, provam, através da "atração e repulsão", que a Lei do Gênero está presente e ativa em todo o Universo e em todas as dimensões da realidade. Alinhando a Lei de Correspondência a esse conceito, podemos afirmar que, assim como está acima, está abaixo; portanto, essa lei é equivalente em todos os planos da realidade. Isso explica muitos aspectos e desvenda muitos mistérios da natureza, do ser humano, dos comportamentos e do Universo visível e invisível. O estudo mais aprofundado dessa lei certamente nos levará a um nível superior de entendimento da realidade.

A TRANSMUTAÇÃO MENTAL

> "A Mente (tão bem como os metais e os elementos) pode ser transmutada de estado em estado, de grau em grau, de condição em condição, de polo em polo, de vibração em vibração. A verdadeira transmutação hermética é uma arte mental."
> (*O Caibalion*)

Com essa afirmação, entendemos que o princípio hermético de que "tudo é mental" é considerado o mais importante e indica para nós, alunos, e que por meio do desenvolvimento da Arte Mental é possível transmutar, ou seja, mudar de estado, de grau, de condição, de polo, de vibração. Por meio da VONTADE e da INTENÇÃO atribuídas à lei do livre-arbítrio, a transmutação parcial ou absoluta é possível. Contudo, há uma consideração importante a ser feita aqui, embora questionável e baseada na ignorância, mas válida para reflexão: assim como uma pessoa que está submergindo em um poço de areia movediça não consegue sair puxando-se pelos próprios cabelos e precisa de uma força exterior para ajudá-la, também podemos considerar o ser humano neste plano da realidade. Talvez necessitemos de auxílio externo para que o processo de transmutação ocorra, e esse auxílio, disponível em planos superiores da realidade e caracterizado por diversas religiões e filosofias espirituais, nos fornece indicativos de que a VONTADE e INTENÇÃO necessárias para o processo de transmutação têm como sua principal FONTE a energia do AMOR INCONDICIONAL, que certamente resulta na elevação do ser em grau, condição e vibração.

É importante salientar que este capítulo tem como objetivo contribuir e direcionar a atenção do leitor a esses conceitos extremamente abrangentes e complexos que, por milênios, têm instigado o ser humano a olhar "para dentro de si" e buscar as respostas que procura, não através de intermediários, mas por meio de experimentos próprios, originados do livre-arbítrio e desprovidos de preconceitos e crenças limitantes. Uma análise sincera dessas leis, especialmente quando experimentadas particularmente, terá como desfecho, invariavelmente, a expansão da consciência. Somos todos estudantes neste vasto, complexo e infinito Universo, por isso desejamos que este texto proporcione uma agradável e sutil motivação para profundar os estudos e, principalmente, observar em sua própria vida os fenômenos, as causas e efeitos dessas leis. Trazendo-as para a consciência, por meio de experiências próprias e estudos, podemos desenvolver as capacidades desejadas e expandir a complexidade de nossa consciência.

CENTELHA DIVINA, LEI DA SEMEADURA E LIVRE-ARBÍTRIO

Centelha divina, mônada, grão de mostarda, rosa do coração, Espírito Santo, átomo centelha — todos são sinônimos e representam o mesmo significado: a parte de Deus em nós, o eterno, o onipresente, o onipotente, o onisciente, individualizado em nosso ser. Ela encontra-se em nosso coração etérico, nosso coração "invisível" — o coração de nossa alma. Esteja consciente da existência dela ou não, ela simplesmente é.

O maior objetivo dos planos superiores, sem dúvida, é que a humanidade se torne consciente do Espírito Santo, compreenda o que Ele verdadeiramente é e suas consequências, e o reconheça como o seu Líder Supremo, a parte do TODO em nós. Sendo assim, Ele contém as informações universais: tudo o que existiu, existe e existirá; toda a ideação divina, o passado, o futuro, o visível e o invisível, tudo o que existe. Os Rosa-cruzes chamam-na de rosa do coração porque está a desabrochar no ser humano; é o impulso latente em cada ser que emana raios de informações e pulsa sem parar, clamando pela decisão do ser em segui-la, para que possa desabrochar em sua plenitude, levando-o a níveis mais transcendentais de paz, alegria, saúde, prosperidade, harmonia e vida eterna. Ela é o puro amor incondicional e, por isso, é poderosa. Toda a fonte de sabedoria universal está contida no átomo centelha, e ela se encontra mais próxima que mãos e pés, como revela o evangelho, ou seja, no centro matemático de nosso ser-alma. Praticamente todas as religiões e filosofias reconhecem a centelha divina, mas o grande desafio é soltar, curvar-se, permitir que ela seja o líder supremo de sua vida, permitir e decidir que você e ela sejam uma só vida. Aqui me refiro a você como o Ego, a individualização que reconhece a si mesmo como indivíduo, e ao decidir seguir a centelha divina, reconhece e rende-se a ela, tornando se uno com ela. O ego a serviço da centelha divina.

Há duas forças operando em nosso ser: uma é a do ego e outra a da centelha divina. Uma tem conhecimento limitado; por isso é rígida e sofre; a outra tem conhecimento absoluto, por isso é leve e transcendental.

O livre-arbítrio é uma função do ego e, basicamente, ele tem somente duas opções para decidir: a de unir-se à centelha, servindo ao TODO, pois a centelha divina é o caminho da paz, alegria, saúde, prosperidade, harmonia, sabedoria e amor. Se optar por essa alternativa, gera créditos, gera um karma positivo e planta boas sementes. A outra opção é decidir não seguir as instruções da centelha, que é o caminho oposto, da desarmonia, confusão, doenças, miséria, ódio, ignorância e tristeza. Se optar por essa alternativa, gera débitos, um karma negativo e planta sementes ruins.

A lei da semeadura, ou lei do karma, de forma sucinta, é uma contabilidade cósmica, tudo fica registrado em seu ser, créditos (a favor da centelha divina) e débitos (contra a centelha divina). Os débitos deverão ser pagos, essa é a uma lei divina, justa e perfeita que, por dedução lógica, tem relação direta com a lei do livre-arbítrio.

Para que essas duas leis façam sentido e possam ser compreendidas, precisamos partir do conceito de que nossa alma/consciência é eterna e, por consequência, nosso corpo é um veículo que mantém nossa alma por determinado tempo aqui neste planeta, nesta jornada e nesta dimensão.

Nossos débitos são resolvidos de três maneiras:

1. parando de gerar débitos;
2. gerando créditos;
3. recebendo ajuda divina para gerar créditos.

Vamos pensar em nossa origem como a ideação divina: o criador pensa, logo existimos e somos emanados, puros, ou seja, sem débitos. Iniciamos a nossa jornada de expansão para adquirir experiências e tornamo-nos cada vez mais complexos em informações e sabedoria (conhecimento aplicado à prática). A partir do momento em que nos tornamos autoconscientes, estamos sujeitos à lei do livre-arbítrio e à lei da semeadura. Fizemos o "caminho de descida", criando débitos, e depois fazemos o "caminho de retorno", gerando créditos. É nosso o livre-arbítrio. Mas todos inevitavelmente sofrerão os efeitos dos seus plantios (causas), pagarão as suas dívidas e retornarão à casa original sem débitos (pois pararam de gerá-los) e gerando créditos sem parar com a devida ajuda divina.

O ego tem que ser forte para render-se à centelha (o Amor Universal). A decisão de seguir a centelha tem suas consequências, e elas estão todas relacionadas às características do amor incondicional, alegria supra-humana, prosperidade e paz eterna.

A grande metanoia é o ego reconhecer e render-se à centelha divina totalmente. Essa é a transformação máxima do ser humano e que transformará a sociedade humana na nova era.

Todo ser é um microcosmos, um pequeno mundo; ainda que conectados por definição divina, todos são um mundo distinto, por isso todos são tão especialmente complexos. Todos têm seu próprio sistema de crenças, suas sombras, sua estrutura genética, sua estrutura cármica pessoal, familiar e social, sociocultural e sanguínea. Imagine: considerando que os seus antepassados tenham vivido em média 75 anos, e que precisamos de um homem e uma mulher para conceber uma nova vida, para você estar aqui hoje, considerando somente doze gerações (900 anos), você precisou de 4.094 almas ancestrais para existir, e cada uma dessas almas teve a sua missão, a sua jornada, seu livre-arbítrio, suas preocupações, seus desejos, seus débitos e créditos, suas experiências de vida, suas expectativas, seus planos, tristezas, alegrias, situações de vida diversas, conquistas, desafios, emoções, pensamentos e ações de todas as ordens, e todas as características inerentes ao ser durante a sua vida. Sabemos que tudo no Universo é energia e informação, e que não se perde, mas sim transforma-se. Por isso, podemos transferir essa energia pelo sangue físico e espiritual. Vamos chamar essa energia de ISADEFE (informações sanguíneas ascendentes e descendentes físico-espirituais), que podem ser conscientes ou inconscientes, gravadas nos corpos físicos e sutis dos seres e transferidas de geração em geração pelo sangue. Pela lei da física quântica, um elétron opera na não localidade (sem tempo); assim, um elétron que é colocado em contato com outro permanece conectado para sempre, e corresponde eternamente ao outro elétron e vice-versa. Ou seja, tudo e todos no Universo estão conectados.

A correlação é eterna. Pode-se dizer então, que a consciência, por ser uma grande onda — a única onda, um oceano primordial de energia pura, que é o TODO — não poderá estar fora dele. Por isso, em essência, tudo o que existe está correlacionado; ou seja, qualquer pensamento, emoção, palavra ou ação terá influência em tudo, por mais que se tenha a impressão (pela percepção do isolamento) de que não seja assim. A física quântica já comprova isso. Inclusive, a teoria do Big Bang, em tese, foi uma emanação de Deus, do TODO e, por isso, tudo o que existe neste Universo está correlacionado, pois partiu de uma partícula, uma emanação, expansão. Desde o princípio, tudo está interconectado. Assim, a ISADEFE opera em todos os elementos da natureza, densos e sutis e de maneira atemporal.

Toda a criação opera somente no "aqui e agora", diferenciando-se apenas em níveis de vibração e sob diferentes perspectivas. Esse é um conhecimento transcendental e revolucionário, que coloca a consciência como o centro de tudo, cocriadores de nossa realidade, transformando o paradigma vigente de seres passivos a seres ativos e protagonistas de nossa própria realidade.

Por isso, direta e indiretamente, você hoje é um reflexo, um produto das gerações anteriores e, em última análise, de todo o cosmos. Você é resultado de todo o Universo desde sua emanação primária e, por isso, está conectado. Todo o seu pensamento, emoção e ações terão reflexo imediato em todo o Universo e, o mais importante, terão reflexo no passado e no futuro também. Isso ocorre porque a realidade objetiva, que é o oceano primordial de energia, o TODO, opera eternamente, no sentido de "sem tempo". Há somente o momento presente, por isso, todos os átomos de todas as dimensões da realidade estão interligados, interconectados. Uma mudança em qualquer átomo muda toda a realidade. Por isso, os Taoístas afirmam que a vida é movimento, é um fluxo, uma eterna mudança, um fluir da vida, de expansão e contração. E tudo isso acontece no eterno agora, sem tempo. Porém sob perspectivas diferentes e níveis de energia diferentes. Essa concepção muda totalmente nosso paradigma existencial, porque, na verdade, quando você resolve, elabora, ressignifica e dissolve uma crença limitante e suas sombras, paga débitos e gera créditos. Assim, você está "ajudando" e modificando não somente a sua, mas toda a realidade dos seus antepassados, e também a de seus descendentes. Todas as gerações anteriores e posteriores à sua existência irão se beneficiar disso. Os seus antepassados não morreram; eles vivem em você. Por isso, quando você evolui, limpa os seus karmas, cria créditos e paga os débitos, colocando o ego (a individualização) a serviço da centelha divina, você está mudando a vida de todos os seus antepassados e ajudando também os descendentes. E, por fim, o Universo. Vamos imaginar que todos os seus ancestrais também estejam fazendo o mesmo por você, concedendo ajuda, cada um em sua condição, na dimensão em que está, consciente ou inconsciente, colaborando para a sua evolução. Então, tudo o que fazemos de nossa vida (e nossa responsabilidade) são muito grandes e importantes, e não têm a ver somente com o nosso pequeno eu, mas sim com todos os nossos antepassados, com as futuras gerações e, em última análise, com o Universo.

Quando você resolve e equaciona uma crença negativa ou um sentimento negativo, nao cria karma negativo, mas sim positivo. Você para de fazer o mal, começa a fazer o bem, trabalha, estuda e ajuda com o máximo de sua capacidade, vivendo alegre e em gratidão no aqui e no agora, vivendo o seu propósito, que é ser quem você realmente é. Você não está apenas beneficiando a si próprio, mas também: a) toda uma geração passada, porque você é fruto de toda uma ascendência. Considerando que somos todos conectados e que a vida existe antes do nascimento e após a morte física, a sua mudança tem efeito direto sobre seus antepassados; desde a emanação primária, tudo está conectado; e b) toda a geração futura, seus descendentes. Na mesma lógica que se aplica aos seus antepassados, tudo está conectado e suas sementes serão colhidas por seus descendentes que, por sua vez, gerarão frutos dessas sementes, os quais você colherá.

Tudo isso lhe traz um senso de responsabilidade, entendimento e uma identidade mais avançada, mais nobre e mais realista, sabendo que você é único e totalmente conectado e que isso faz toda a diferença para todos e para tudo. Por isso, honre seus antepassados, faça parte do todo e plante boas sementes para seus descendentes. A forma de fazer isso é viver o seu propósito, ser quem você é, sorrir sempre.

Por isso os planos superiores trabalham e ajudam tanto: eles já entenderam que, enquanto houver um ser humano passando fome ou nas trevas da ignorância, o trabalho não estará completo, pois essa condição os afeta também, tanto por correlação quanto por compaixão. O amor une. Em cada ser, há a centelha divina, o átomo centelha do TODO, que é eterno; todo o Universo está contido aí, a partícula de Deus, o próprio, individualizado em nós.

A centelha divina é o aqui e agora,
a eternidade no sentido de sem tempo,
é a voz do silêncio e está na presença.

Pensamos que somos o centro do Universo, porém, o mais coerente é entender que somos uma minúscula parte, e esta pequena parte integra o TODO, que simplesmente é conosco. Assim como uma gota do oceano, você é uma ínfima gota, mas ao mesmo tempo, também é o oceano. A sua transformação em consciência desta verdade é a vontade do TODO.

INTUIÇÃO

"Há uma voz que não usa palavras. Escute."
(Rumi)

É a forma de comunicação mais primitiva da centelha divina com você. A voz da intuição é silenciosa, sutil e perfeita. Podemos também dizer que nossa superalma, ou mente superior, envia mensagens por meio de energia. A forma mais evidente de perceber essa informação ou instrução ocorre quando estamos apaixonados pelo que fizemos, vivendo o aqui e agora de forma total, empolgante, alegre e passional. Sentimentos positivos, em geral, são sinais de que ouvimos nossa intuição e estamos alinhados com nosso propósito. Do contrário, estaremos desalinhados de nossa missão e de quem somos, provavelmente filtrando essa energia chamada intuição por meio de crenças limitantes e negativas. Mas, a partir do momento em que o ego decide seguir as instruções da centelha, haverá uma expansão do canal de comunicação. Inicialmente, esse caminho se dá por meio da intuição e, a cada passo em direção à luz (ouvir a instrução da centelha), ela dará infinitos passos em sua direção. Os indianos descrevem esse processo de abertura do canal de comunicação como a abertura do chakra coronário; no Ocidente, podemos usar como exemplo o "cair do véu de Maia" ou, no cristianismo, "buscai o reino dos céus e a sua justiça, e tudo mais lhe será dado por acréscimo".

A pergunta é: como ouvir a voz do silêncio, a intuição? A resposta é razoavelmente simples: elimine os entulhos e ruídos que atrapalham essa voz. Diminua o som da voz do ego (sua individualidade – desejos) e todas as suas características para poder ouvir a voz da centelha divina. Remova os entulhos das crenças limitantes e sombras. Ouça mais o coração invisível e menos a mente.

O principal objetivo do ser humano deveria ser conectar-se à centelha divina e fazer de tudo, utilizar toda a sua capacidade, habilidade, tempo, vida, vontade e livre-arbítrio para ouvir cada vez mais clara, nítida, pura e eficiente a voz da centelha divina que está nele, mais próxima que mãos e pés. Utilizar todos os recursos possíveis para isso: profissão, família, escola, religião, saúde, casa, descanso, vida. Por isso os evangelhos deixam bem claro: "Tudo o que fizerdes, em palavra ou ação, fazei em meu nome" (Colossenses, 3:17). A transformação é certa e os resultados, transcendentais.

A AJUDA

A partir do momento em que o ego decide render-se à centelha divina, muitas práticas podem auxiliar nesse processo de purificação e expansão do canal de comunicação divino. Há uma hierarquia divina, com sistemas e tecnologias inimagináveis, prontas e aguardando por sua decisão de pedir ajuda. Você foi projetado para se comunicar diretamente com a sua fonte, sem intermediários, mas a fonte precisa respeitar a lei do livre-arbítrio, assim, somente você poderá pedir ajuda. Várias tecnologias estão à nossa disposição para que possamos ter clareza sobre a realidade objetiva e nos ajudar a viver uma vida de superação, paz e alegria, entendendo plenamente nosso propósito e cumprindo nossa missão nesta jornada.

Descrevo neste livro algumas práticas que me ajudam muito nesse processo e que podem lhe ajudar também. São elas: prática de Tai Chi Chuan e Kung Fu (Wu San Dji Tao), oração, ioga, meditação, terapia convencional, terapia quântica, participação na escola de mistérios da Rosacruz Áurea, estudo das religiões, doutrinas e filosofias transcendentais do conhecimento universal, fazer o que me dá prazer, ajudar a mim mesmo e aos outros, além de considerar e entender que tudo é divino, tudo é sagrado. Buscar a verdade: de onde viemos, para onde vamos, quem somos, qual nosso propósito aqui. Trabalhar com amor e alegria. Sair da zona de conforto, sentir-se confortável na zona de evolução. Honrar pai e mãe, honrar a família e os ancestrais. Plantar sementes do bem. Ser fiel aos propósitos. Servir a esposa, aos filhos e a todos os irmãos e irmãs que puder. Cuidar de um animal, cuidar de uma planta. Diminuir a ingestão de carnes. Ouvir e ver informações que engrandeçam a alma humana e ajudem no objetivo principal: transcender o ego e ser liderado pela centelha divina. Não acreditar em ninguém, mas, sim, testar e aplicar aquilo que faz sentido para mim. Usar toda a capacidade, tempo e recursos para servir e investir na eternidade.

Praticar a presença, estar conectado ao momento presente, viver o aqui e agora é uma atitude de vida que lhe permite acessar a intuição. Pense em algum esporte ou atividade que exija concentração extrema, em que, se a pessoa não estiver 100% focada e sentindo o momento presente, ela pode morrer. Normalmente, esses níveis de atenção estão presentes em esportes como ciclismo ou motociclismo, paraquedismo, alpinismo ou em qualquer outra prática que requer atenção para evitar acidentes que podem ser fatais. A pessoa está focada no momento presente o tempo todo, por isso "não vê o tempo passar" e tem uma sensação de êxtase após realizar o esporte ou a atividade. Isso ocorre não pela atividade em si, mas porque a pessoa se manteve no aqui e agora, usou a força da presença para realizar a atividade, o que lhe trouxe um estado de paz e tranquilidade. Devemos exercitar essa presença em todos os momentos de nossa vida, conectando-nos com a força da intuição, que é a maior força criativa do Universo. Recomendo a leitura do livro *O poder do agora*, de Eckhart Tolle — um livro transformador.

O poder do agora é o poder
da intuição em ação.

APRENDIZADO, EXPERIÊNCIAS & SUPERAÇÃO — UMA HISTÓRIA DE SUCESSO

Objetivando criar maior conexão com você, amiga leitora e amigo leitor, entendo que seja justo compartilhar um pouco sobre minha história de vida e alguns aprendizados e experiências que adquiri até aqui. De forma sintetizada e humilde, relato a minha jornada de 45 anos de vida na Terra. Ela pode servir como simples curiosidade ou como inspiração para aqueles que ainda têm dificuldades em compreender que firmeza de propósito, valores, trabalho, estudo, autoconhecimento, identidade, responsabilidade com a sua missão e sua jornada, fé, determinação e confiança em Deus são atributos inatos do nosso ser. Todos nós temos, basta querer e decidir seguir o caminho da luz, da sabedoria. Compartilho, então, uma breve descrição de minha jornada, sem a pretensão de ser melhor ou pior que ninguém. Com alegria, respeito e humildade descrevo um resumo de alguns aspectos de minha história, para compartilhar, informar e inspirar as pessoas, afinal, somos todos Um.

> Que a sua jornada, neste momento, se conecte com a minha, e que juntos possamos elevar a nossa consciência por meio desta história de vida.

Nasci em 1979, filho de empresários, na cidade de Benedito Novo, no interior do estado de Santa Catarina, uma cidade, em sua maioria, de agricultores, com aproximadamente dez mil habitantes; sou de origem dinamarquesa. Meus antepassados vieram durante as migrações europeias na Segunda Guerra Mundial, trazendo consigo a língua e a cultura alemã. Todos em minha casa falavam alemão. Cresci num sítio, com lagoa de peixes, criação de bovinos, porcos e galinhas, minha *Oma* (é assim que chamamos a nossa avó em alemão) fazia sabão em um grande tacho, além de pães, bolachas e biscoitos. Toda a comida era preparada no fogão a lenha, o leite extraído de nossas vacas, e as hortaliças e frutas colhidas da própria horta. Os vizinhos eram todos conhecidos, e os tratávamos como "tios" e "tias", pois ajudavam a cuidar de nós quando éramos crianças e nos educavam também; tínhamos muito respeito por eles. Tive uma infância muito saudável, brincando, aprendendo a trabalhar e estudar e sempre em contato com a natureza.

Minha religião fundamental foi a evangélica de confissão luterana. Íamos à igreja praticamente todos os domingos, mas nunca entendia por que já nascemos pecadores e qual a diferença entre Pai, Filho e Espírito Santo! Por que somente Jesus salva? E, quando alguém morria, falava-se que essa pessoa iria para o descanso eterno! Essas coisas simplesmente me intrigavam!

Cresci rodeado por pessoas que me amavam muito, a exemplo de minha *Oma* Erica, com quem pude conviver até meus dezessete anos. Ela me ensinou a ser alegre, firme, perseverante, autoconfiante, amado, educado, gentil e comerciante (ela era uma comerciante de mão cheia). Sempre cercado por animais: cachorros, gatos, galinhas, porcos, bovinos, lagartos etc. Um fato interessante é que, para mim, desde tenra idade, o dia mais tenebroso era quando se matavam porcos, galinhas ou bovinos. Hoje consigo explicar de forma racional o que acontecia, mas na ocasião para mim era chocante, desagradável e muito agressivo ao meu coração ver aquelas cenas, que para todos da minha família eram absolutamente normais, pois faziam parte da cultura. Mais tarde, descobri o que acontecia comigo e por que minha alma chorava quando isso acontecia e da maneira como acontecia.

Sou o irmão mais velho e tenho uma irmã, a Leidy, três anos mais nova. Minha mãe, Darci, vem de uma família de agricultores e comerciantes. Tanto meu *opa* Soldie (avô), por parte de pai, quanto meu *opa* Afonso e minha *oma* Helga, por parte de mãe, eram comerciantes, por isso, não por acaso me tornei um comerciante mais adiante. Meu pai, Arthur, fez carreira militar como tenente do Exército Brasileiro, porém, decidiu abandonar a carreira ainda jovem para cuidar dos negócios da família, uma indústria madeireira. Seu pai faleceu quando ele tinha 21 anos eu tinha acabado de nascer. Foi um período muito complicado na vida de minha família, meu pai assumiu muitas responsabilidades sem experiência, e os negócios estavam em dívidas e complicações com relacionamentos familiares. De todo modo, com perseverança e trabalho, meu pai recuperou os negócios, e tivemos uma vida em que nada nos faltou. Sempre estudei em escola pública e me formei em administração de empresas. Desde os sete anos de idade, trabalhei com meus pais em negócios da família.

Na maior parte do tempo em minha casa falava-se em trabalho e coisas relacionadas ao trabalho. A empresa e o nosso lar eram praticamente a mesma coisa. Cresci vendo meus pais falarem de crises, problemas empresariais, planejamentos, trabalhando dezesseis horas por dia, praticamente sem tempo para lazer. Trabalhava-se aos sábados normalmente e muitos domingos também, sempre correndo atrás da meta e dos resultados. Nunca houve abundância, mas também nunca houve escassez. O que havia com frequência eram crises financeiras, altos e baixos muito fortes. Ensinamentos de ouro para aquele pequeno menino e adolescente que se preparava para a vida.

Sempre tive que me esforçar para ter as coisas. Meu pai me dizia com frequência: "Primeiro o dever, depois o prazer." Eu imagino que o sonho do meu pai era que eu herdasse o negócio da família. Tenho muito amor e orgulho do meu pai e minha mãe. A empresa era especializada em produção de cadeiras de camping promocionais, esquadrias de madeiras e outros produtos de madeira para exportação, além de uma malharia que produzia camisetas promocionais. A empresa foi aberta em 1985, muito pequena e com poucos colaboradores; em seu auge teve em torno de trezentos ou quatrocentos funcionários. Trabalhei com meu pai no setor de produção dos sete até os dezessete anos. Depois disso, me dediquei mais a áreas administrativas, financeiras e comerciais. Do início até a minha saída oficial da empresa, exerci atividades como ajudante de operador de máquinas, auxiliar de serviços gerais, motorista de Kombi, auxiliar de produção, tecelão. Eu já fabriquei camisetas em teares circulares! Trabalhei como programador e controlador de produção, emissor de notas fiscais, auxiliar contábil, auxiliar de escritório, auxiliar financeiro, auxiliar de RH, supervisor financeiro e gerente de exportação. Enfim, praticamente passei por todas as atividades na empresa e me tornei o braço direito de meu pai. O conflito de gerações entre meu pai e eu era cada vez mais evidente à medida que eu crescia.

Na escola, sempre fui um aluno acima da média, mas nunca o melhor. Sempre tive facilidade em aprender. Sempre tive poucos amigos, porém fiéis. Nunca me agradou perder tempo com trivialidades, havia algo em mim que me afastava desses assuntos e que, de alguma forma, me dizia que não eram úteis para a minha evolução. Por isso, em alguns momentos eu me sentia um tanto isolado, por mais que fosse uma pessoa alegre e simpática. Desde criança, meu sentimento subjacente sempre foi de que "não sou daqui". Não me encaixava facilmente em nenhuma turma. Sempre tive um objetivo definido; até alcançá-lo, eu não descansava. Compartilho alguns exemplos que podem servir de inspiração.

Quando adolescente, adorava jogar futebol e quis fazer parte da seleção da cidade de um campeonato que se chamava "moleque bom de bola", era um campeonato estadual de mirins. Coloquei a meta, treinei sem parar, eu não enxergava nada menos que ser o titular desse time. Eu era canhoto, e meu pai me falava que eu deveria aprender também a chutar bem com a perna direita. Foi então que treinei exaustivamente com a perna direita. Consegui entrar para o time da cidade, iniciei como jogador reserva e, quando tive a oportunidade, me tornei titular. Chegamos à medalha de bronze no estadual de Santa Catarina. Eu era conhecido pelos meus amigos do time como um "russador", que significa aquele que não cansa fácil, não desiste e resiste. Como eu chutava razoavelmente bem com as duas pernas, era um coringa. Não era o melhor e mais talentoso, mas compensava com força de vontade, persistência, resiliência, determinação e inteligência. Um ano depois, me tornei o capitão do time. Aprendi que para ter sucesso em qualquer coisa que se faça são necessários um plano simples e bem definido, organização, liderança e pessoal comprometidos, decisão, ação, força de vontade, determinação, resiliência e confiança na inteligência universal. Pode parecer falta de modéstia, mas prefiro compartilhar esses fatos de minha vida, porque eles construíram algo bom para mim e muito aprendizado. O objetivo não é destacar o orgulho, mas sim estimular você a utilizar todas as ferramentas disponíveis em sua vida para evoluir.

Um dia, num evento de igreja, vi uma banda de música ensaiando e um colega meu tocando bateria. Perguntei se poderia testar a bateria pela primeira vez na vida. Adorei e decidi que iria ser baterista e ter uma banda. Fui à luta, busquei uma escola de música, me inscrevi, pedi aos meus pais que me ajudassem a comprar uma bateria. Com muito custo, eles o fizeram, mas confessaram que acharam que era "fogo de palha" e que eu desistiria logo. Porém, como eu sou determinado, não descansei até ter a banda. Treinei praticamente todos os dias e montei uma banda. Nos finais de semana, treinávamos em minha casa, na garagem. Normalmente, eu buscava os membros da banda, planejava, organizava a logística e todos os recursos. Era muito trabalhoso, mas somente assim consegui fazer acontecer. Anos depois, tocamos na principal festa da cidade e participamos de festivais de canção por todo estado de Santa Catarina. Mais um sonho realizado com sucesso. Nós discutimos muito, falhamos, acertamos, aprendemos e percebi que, em um trabalho de equipe, deve haver liderança e comprometimento. Por exemplo, é necessário empenho de energia, foco, plano simples, organização, concessões, mas, acima de tudo, valores consonantes.

Havia um campeonato municipal de futebol em que eu jogava com determinado time da cidade. Não chegávamos nem às quartas de final, e eu percebia que não havia os recursos, planejamento e organização necessários para vencer. Foi então que decidi, com um amigo meu de infância, montar o próprio time. Conversamos com alguns amigos que se juntaram a nós nesse objetivo e formamos uma nova equipe, com planejamento e organização de recursos, e iniciamos o campeonato. Ainda lembro meu sentimento subjacente: "seremos campeões", e esse sentimento era constante e estável. Havia muitos esforços a serem feitos, pois trata-se principalmente de administrar pessoas. Foi aí que aprendi que as pessoas podem ser egoístas, mentirosas, gananciosas e ignorantes. Um grande aprendizado. Mesmo com todas as dificuldades, fomos campeões. E, por ironia do destino, o troféu levava o nome de meu *Opa* Soldie, pois homenageava os ex-prefeitos da cidade. Um detalhe para finalizar: eu fiz dois gols na final, e ganhamos de virada por três a dois. Alguns dizem que meu *Opa* encarnou em mim naquele dia, vai saber!

Essas histórias aconteceram na adolescência e na tenra juventude, e outras experiências parecidas marcaram minha jornada, todas com a mesma característica: um plano simples, inteligente e organizado, liderança, pessoas comprometidas, além da decisão, foco, determinação, firmeza de propósito e confiança em

Deus. Ação por meio da força de vontade e muita resiliência foram essenciais. Mais tarde, quando iniciei os estudos em administração e gestão de empresas, percebi que as principais características de um empreendedor eu já tinha naturalmente. Foi o início de uma jornada em busca do meu propósito de vida.

PRIMEIRA VIAGEM INTERNACIONAL

Em 1998, fiz minha primeira viagem internacional, para a França e Alemanha. A partir dessa experiência, percebi que era isso que eu faria na vida: trabalhar com o comércio internacional. Assim como aconteceu com minhas metas de ser jogador de futebol, montar uma banda e ter um time de futebol, começava ali a minha carreira profissional, impulsionada pela vontade de viajar e explorar o comércio internacional. Foi uma viagem incrível, pois percebi que os europeus já tinham milhares de anos de história e evolução em comparação com os brasileiros, tanto em estrutura e recursos quanto em mentalidade. Havia oportunidades infinitas, e fui tomado por um sentimento de prazer e abundância durante a viagem. Meu coração me dizia claramente qual seria meu destino: negócios internacionais de produtos florestais de fontes renováveis. Viajar pelo mundo e conectar produtores brasileiros ao mercado global.

Formei-me administrador de empresas em 2002 e fiz pós-graduação em Gestão Financeira em 2004. Cada vez mais, eu chegava à conclusão de que a indústria não era a minha "praia". Queria voar e desbravar o mundo do comércio internacional, e me apavorava pensar que, se continuasse trabalhando na empresa de meu pai, eu poderia viver à sombra dele pela vida toda — por mais que o amasse infinitamente. Imaginava algo novo para mim, minha jornada, algo em mim manifestava um desejo latente de desenvolver e criar meu próprio caminho.

É importante destacar que, desde tenra idade, sempre tive ansiedade, vivendo o futuro no agora e com um pensamento muito acelerado, muitas vezes "fazendo tempestade em copo d'água". Nutria também um sentimento de que não era bom o bastante e outras crenças limitantes. Essas características negativas me acompanharam desde a adolescência, e de alguma forma me isolavam da paz, da evolução e do caminho da luz. Por isso, me dediquei a procurar ajuda terapêutica, ler livros de autoajuda, fazer curso de oratória, participar de palestras motivacionais e, de certa forma, enfrentar corajosamente esses medos e limitações. Posso afirmar que venci. Isso não significa que não conviva mais com elas, mas sim que há uma superação contínua dos obstáculos. No entanto, os desafios mudam conforme avançamos e evoluímos; novos paradigmas se apresentam, trazendo novos desafios, todos com o propósito de nos oferecer oportunidades de evolução em todas as áreas da vida.

Durante o ano de 2004, por duas vezes na semana, dei aulas de Planejamento e Orçamento Empresarial na Universidade de Jaraguá do Sul, Santa Catarina, para o curso de Contabilidade. Ainda muito novo, com 24 anos, aceitei o desafio para me colocar à prova diante de um dos meus medos maiores medos: falar em público. Foi um desafio, mas me coloquei nessa situação, meu espírito levou meu corpo, e resolvi enfrentar o medo. Aprendi, então, que o medo é uma ilusão e percebemos isso ao colocá-lo à prova. Decidi que devemos nos testar, permitindo que nosso espírito guie nosso corpo para enfrentar qualquer situação. Assim, seremos bem-sucedidos. Aprendi também que poucas pessoas realmente querem evoluir, progredir, crescer, desenvolver-se e ter sucesso em todas as áreas da vida. Percebi que o esforço deve partir da própria pessoa e que a ajuda vem à medida que se decide avançar, mas é preciso dar o primeiro passo e se movimentar. Em 2004, decidi aprender inglês e me preparar para morar nos Estados Unidos. As discussões com meu pai se tornaram cada vez mais intensas e frequentes, enquanto minha vontade de traçar meu próprio destino crescia. Apesar de a intenção de meu pai ser a mais nobre, honesta, amorosa e genuína, havia um conflito de gerações que não criava um ambiente saudável de convivência. Assim, decidi sair da empresa dele, montei um plano, comuniquei meus pais e segui meu próprio rumo.

Em 2005/2006, fui para os Estados Unidos com o objetivo de aprender inglês e abrir meu próprio negócio. Meu pai ficou muito frustrado, afinal, eu era seu braço direito e o filho mais velho, em quem ele apostava para ser seu sucessor, eu imagino. Foi um momento difícil para ambos, mas mesmo com essas adversidades, decidi seguir minha intuição: aprender inglês e abrir um negócio de representação internacional de produtos florestais de fontes renováveis. Em 2006, iniciei a empresa com muitas dificuldades, pois estava "sozinho" e sem recursos. Casei-me em 07/07/2007 (eu tenho alguma coisa com números), após ter namorado por nove anos. O casamento foi bem-sucedido, repleto de aprendizados, bênçãos e superações, e perdurou até 2018. Tivemos dois filhos, Davi e Sophia. Sou eternamente grato à mãe deles, Jussara, minha ex-esposa, que foi uma parceira guerreira ao meu lado no início de minha vida adulta. Seus pais, Artur e Edlen, e meu ex-cunhado Clovis, muito me ensinaram. Tive a bênção de passar vinte anos da minha vida nessa jornada. Muito obrigado.

Voltei ao Brasil no mesmo ano que me casei, onde iniciei oficialmente a empresa Multi-Pine Wood Trading. O capital inicial foi a venda de uma moto de Enduro, que era o único patrimônio que eu tinha.

Em 2008, houve uma crise sem precedentes na história: a crise do subprime americano, quando muitas empresas pereceram globalmente. Em 2009, a empresa do meu pai foi uma dessas vítimas e teve sua falência decretada. Quando soube dessa notícia, mesmo não estando mais envolvido diretamente e já trabalhando há alguns anos em meu próprio negócio, foi como receber um grande golpe na cabeça, um *knockout*, porque vi meu pai e minha mãe entrarem em depressão. A empresa e o nome da família foram simplesmente jogados no lixo; na época, essa era a percepção (hoje percebo que foi necessário e fez parte da evolução de todos). Toda a sociedade julgava fervorosamente meu pai e o negócio falido e, por consequência, toda a família, não importando qual fosse a origem do problema. A culpa sempre recai sobre o gestor, se houve participação ou não, se a culpa existia ou não, foi julgado igualmente e sentenciado socialmente ao status de "falido". Imaginem o cenário caótico e todas as consequências decorrentes disso. Experimentei a miséria psicológica e emocional, vi a redução do padrão de vida e a humilhação dos meus pais. Eles perderam tudo (bens materiais), e muitas portas se fecharam.

Foi a primeira grande decepção e crise em minha vida.

A experiência de uma situação falimentar nos traz muitos aprendizados, inarráveis do ponto de vista emocional, assim como é um divórcio ou a morte. No entanto, do ponto de vista materialista, as principais lições foram que não se deve negligenciar o prejuízo ou a falta de lucro numa organização, pois lucro (na medida certa – e que ajude a todos) é vida, que gera prosperidade e bem-estar físico, mental e emocional, não somente para os proprietários, mas para a família e a sociedade, todos ganham. Mas o prejuízo é a morte, o contrário do que foi descrito anteriormente. Aprendi que uma organização é um centro empreendedor que impulsiona a economia e os empregos, ajudando na melhoria da qualidade de vida das pessoas. É também uma escola, desde que administrada com responsabilidade, sem egoísmo, de forma conservadora, resiliente, ambiciosa na medida certa (conservadora e benéfica para a maioria). Deve ser humanizada, com foco em resultados positivos, mas ao mesmo tempo leve, equilibrada e, principalmente, que os seus gestores pautem suas decisões na intuição divina.

Com a crise mundial, todos os negócios diminuíram muito. Como eu ainda estava nos primeiros anos da nova empresa, tive muitas dificuldades; praticamente vivia com a remuneração de minha esposa no início. Mas, com muito trabalho, segui em frente, sem recursos, sem capital, sem reputação, sem crédito, sem experiência na área comercial, mas tinha a força de vontade, algum conhecimento e a determinação de vencer. Estabeleci um plano, escrevi o plano, senti o plano, agi, fui à luta, me movimentei dia e noite, em finais de semana e feriados. Trabalhei, viajei, investiguei, estudei o mercado, visitei clientes e fornecedores, participei de feiras, falhei, levantei, não dei ouvidos aos pessimistas, me afastei de todos que tinham sentimentos negativos. Trabalhei mais, estudei mais, senti que podia vencer, senti a força de Deus comigo e progredi.

Foi uma jornada empreendedora de um jovem que decidiu manter valores divinos sólidos e buscar o sucesso independentemente das circunstâncias. Sem dúvida, é uma história de superação.

Em 2011, nasceu meu filho Davi. O primeiro contato com o milagre divino mais próximo que podemos experimentar é o choro de um filho ao nascer, é uma sensação indescritível. Aprendi a ser pai e a respeitar e valorizar ainda mais meus pais, que amo profundamente. Também compreendi que, como pai, devemos dar todo o suporte possível — e até o impossível — à mãe de nossos filhos.

Falhar também é aprender, e eu aprendi. Em 2015, nasceu minha filha Sophia, a princesa do papai, mais um milagre da vida diante de mim. Logo após seu nascimento, descobrimos que ela tem uma disfunção genética chamada fenilcetonúria, que a impede de processar o aminoácido proteico fenilalanina, presente em todas as carnes animais, oleaginosas e em algumas frutas e raízes. Ou seja, uma das restrições alimentares mais rigorosas que existem. Como pais, sentimos uma profunda impotência e tristeza quando soubemos, pois era algo extremamente novo para nós. Como alimentaríamos nossa filha se ela nunca poderia comer proteína animal, nem derivados, ovos, leite, manteiga, nem grãos em geral, e ainda enfrentava restrições em algumas frutas e raízes? Porém, à medida que aprendemos e conhecemos outras pessoas que também têm essa disfunção, geneticistas renomados no Brasil e tivemos contato com literatura especializada, percebemos que a saúde de nossa filha poderia ser preservada desde que sua alimentação fosse o mais balanceada possível, respeitando as restrições.

Foi isso que fizemos e continuamos fazendo até hoje. Tudo se adaptou, e hoje vivemos felizes, cientes de que o que achávamos que seria um caos é, na verdade, uma a bênção na vida dessa linda menina. Um dia, ela entenderá a dádiva que recebeu com essas restrições: é uma menina de pura luz. Em compaixão por minha filha, sabendo que ela enfrentará essa restrição pelo resto da vida, decidi, logo após seu nascimento, parar de comer carnes, exceto frutos do mar e peixes. Sabendo que ela não poderia se alimentar deles, busquei me adaptar ao cardápio dela o máximo possível. Mais tarde, tomei a decisão de deixar de consumir peixes e frutos do mar, tornando-me vegetariano, graças à bênção da minha filha.

O DESPERTAR INTERIOR

Cerca de um ano antes do nascimento de Sophia, iniciei o que chamo de meu "despertar interior". Comecei a me interessar por assuntos transcendentais e a explorar terapias alternativas, incluindo a terapia quântica. Li *O poder do agora*, de Eckhart Tolle, acompanhei seus vídeos, nos quais ele aborda uma dimensão da realidade centrada no momento presente, capaz de nos proporcionar paz. O principal motivador desse caminho foi a busca por ferramentas que pudessem diminuir minha ansiedade e desacelerar minha mente, permitindo-me controlar melhor meus pensamentos.

Nessa mesma época, li o livro de *Augusto Cury, Ansiedade – o mal do século*, em que o autor descreve a Síndrome do Pensamento Acelerado (SPA). Foi ali que descobri que o que eu enfrentava era, na verdade, uma patologia que afeta milhões de pessoas no mundo e que, segundo Cury, é o mal do século. De certa forma, isso me confortou, pois percebi que não estava sozinho em meu sofrimento; ao mesmo tempo, era um alerta de que atitudes deveriam ser tomadas para evitar que essa patologia levasse ao estresse e à depressão. Concomitantemente, me tornei obcecado pelo estudo da física quântica, inspirado pela minha amiga e ex-terapeuta Adriana Medeiros, palestrante, escritora e ativista das leis universais do amor. Passei a pesquisar e a estudar assuntos relacionados à espiritualidade, ao invisível e à física quântica. As perguntas clássicas — quem somos, de onde viemos, para onde vamos e o que estou fazendo aqui — passaram a fazer parte do meu cotidiano e permeiam minha vida até hoje.

Enfim, a impressão que tenho é que o Universo preparava o meu ser para receber minha filha Sophia. Ela é uma menina iluminada, uma "vegana com restrições", alimentando-se preponderantemente de plantas, raízes e seus derivados, e nutrindo-se de informações e ondas mais puras, menos densas. Graças ao mínimo preparo que tive, conseguimos superar esse desafio com sabedoria. Todo esse processo se revelou um grande aprendizado e um impulso significativo para a minha vida espiritual.

Minha filha Sophia é a pessoa mais saudável de minha família. Extremamente atlética, dorme cedo, acorda cedo, tem baixos índices de gordura, uma musculatura perfeita e é linda, desperta e energética — uma verdadeira usina de luz. Posso afirmar que, em 2015, aos 36 anos, despertei para o caminho do autoconhecimento. Esse salto quântico foi um presente dos céus e trouxe com ele uma responsabilidade de posicionamento também: o de seguir ou não o caminho da sabedoria e da luz. Dou graças por ter optado pelo caminho da luz. A cada passo dado em direção a ela, recebo dez mil passos de volta. A cada degrau, surgem novos desafios e novas responsabilidades, porém mais bênçãos. E afirmo que VALE A PENA SER FIEL À SABEDORIA DIVINA. Para seguir esse caminho, é preciso CORAGEM — muita CORAGEM — pois ele é muito estreito e desafiador, muitas vezes contra os paradigmas vigentes de nossa civilização. Entretanto, o que me move é a certeza absoluta de que esse é o ÚNICO caminho para a vitória, a conquista da paz, da prosperidade, da saúde, da evolução, do equilíbrio, da alegria e da abundância em todas as áreas da vida. É importante ressaltar que o processo do autoconhecimento não começou de verdade aqui, mas eu me tornei consciente dele, mesmo que ainda esteja em um estágio inicial. Tenho a certeza de que essa jornada não terminará aqui e que ainda estou em um estágio rudimentar na minha evolução espiritual — poderíamos chamá-lo de semidesperto — mas sigo em processo de polimento e avanço, numa jornada do despertar interior.

UMA EXPERIÊNCIA TRANSCENDENTAL E O DIVÓRCIO

Em 2017, aconteceu um episódio muito especial e transcendental. Meu relacionamento com minha esposa já não ia bem, enfrentando muitos desafios, discussões e divergências. Apesar de, do fundo do meu coração, desejar a recuperação do casamento — pois para mim a separação não era uma opção nem mesmo uma possibilidade que passasse pela minha mente; sempre acreditava que tudo se resolveria.

Esforcei-me para me transformar, melhorar e restaurar o relacionamento, pois não conseguia imaginar minha vida sem a minha família. Esse apego intenso gerava, naturalmente, uma resistência em soltar. No entanto, vivia uma tristeza profunda ao perceber o afastamento de minha esposa, que resultava na diminuição dos sentimentos de amor, respeito e admiração.

Recordo-me de um sábado pela manhã, em casa, enquanto minha esposa saía para pedalar. Meu coração estava em pedaços, arruinado emocionalmente. Sentia a iminência do divórcio e o desdém de minha esposa, que parecia ter perdido o interesse pela recuperação do casamento. É importante lembrar que um divórcio acontece por muitos motivos diferentes, e não há um único culpado. Existe, sim, uma atitude igualitária de desconexão, além de questões cármicas envolvidas.

Enfim, naquele sábado do segundo semestre de 2017, com meus dois filhos em casa, eu sentia uma tristeza avassaladora, uma vontade imensa de chorar. Estava brincando com eles na sala, me retirei para o banheiro, buscando um momento de recuperação, a fim de deixar as lágrimas fluírem e desobstruir um pouco o meu coração quebrantado. Foi então que, em frente ao espelho, após chorar e lavar o rosto, me deparei com a minha imagem refletida. Fui imediatamente hipnotizado por meus próprios olhos, como se estivesse em uma espécie de hipnose que me fez esquecer tudo ao meu redor: passado e futuro. Concentrei meu olhar de forma profunda, mais do que jamais havia experimentado. Era como se estivesse observando meu eu interior, um movimento da alma, sem dúvida. Fiquei paralisado, como se estivesse em choque. À medida que aprofundava nesse olhar, que parecia penetrar diretamente em minha alma, um sentimento de apavoramento e medo tomou conta de mim.

Contudo, a atração por olhar dentro dos meus próprios olhos era mais forte e impressionantemente sedutora. Esse processo durou cerca de quatro a cinco minutos, embora tenha parecido uma eternidade. O mais incrível é que, quando eu estava imerso nesse profundo olhar, senti uma força sutil puxando minha alma para cima, por assim dizer, como se quisesse me levantar. Embora meu corpo permanecesse pesado, essa força conseguiu apenas elevar a minha alma, em uma espécie de energia que saía de mim, puxada por essa força ascendente. Enquanto fixava meu olhar nos olhos de minha alma, quando a energia se esvaiu, senti um alívio grandioso e uma paz que nunca havia experimentado. Era como se um anjo estivesse presente, com um poder específico para sugar a energia hostil que me permeava.

Ali estava eu, consciente, sentindo essa energia ser sugada para cima, como se alguém estivesse me levantando com um guindaste, fazendo com que minha alma levitasse. Porém, isso não aconteceu com o meu corpo, mas sim com minha, vamos chamar assim, "essência".

Essa foi a experiência transcendental mais fantástica que tive até então. Saí do banheiro, parecia que eu era outra pessoa, mais leve; a impressão que tenho é que o Universo me preparava para mais desafios à frente, porém com a sensação de que o caminho estava certo.

Talvez este tenha sido um presságio do que haveria de acontecer em 2018, quando meu casamento ruiu e houve o divórcio — o segundo pior momento de minha vida até então. Perdi (esse era o sentimento na época) minha esposa, minha sócia, minha parceira, minha conselheira, minha amiga. Perdi 50% do tempo de meus dois filhos. Fiquei sem chão. Foi o ano mais doloroso de minha vida afetiva. Sentimentos de tristeza profunda, impotência, decepção, frustração, miséria psicológica e emocional; algo que nunca havia nem de perto experimentado. Pelo menos era o que eu sentia na época; hoje percebo que tudo que aconteceu se transformou em infinitas bênçãos. Mas isso serve para descrever o momento que passei; para se ter uma ideia do meu grau de comprometimento com o casamento, quando saí de casa procurei na Bíblia Sagrada subsídios de entendimento e sabedoria de como deveria atuar, já que prometi a Deus, no casamento, que iria zelar pela vida dela e que somente poderia me separar em caso de morte ou infidelidade — e nenhum dos dois havia acontecido.

Após ler a Bíblia, nas partes que falam do divórcio, e com base nos ensinamentos do apóstolo Paulo, entendi que o divórcio poderia ocorrer além dessas situações. Interpretei que, além da morte física, o desligamento espiritual entre o marido e mulher poderia ser considerado como uma forma de morte. Da mesma forma, a infidelidade poderia ser não apenas física, mas também uma traição nas intenções. Com base nessa premissa, tomei a decisão de me desligar e seguir a minha vida rumo a próxima fase. Como não há certo ou errado, as coisas aconteceram como tinham que acontecer. E sou grato por isso.

A INTUIÇÃO PARA SEGUIR ADIANTE

Após muita leitura e discussões sobre o assunto com um amigo pastor presbiteriano, recebi, por meio de uma intuição, a instrução (modo de falar) de "devolver" a minha esposa a Deus. Assim, escrevi uma carta agradecendo a Deus por aquela esposa que Ele havia me designado, expressando também minha gratidão a ela por todas as bênçãos que recebi, pela jornada e pelo ciclo que tivemos juntos até aquele momento, e pedindo perdão enquanto também perdoava. Dirigi-me à igreja onde nos casamos e deixei a carta embaixo da porta. Fiz uma oração de agradecimento e, a partir daquele instante, segui em frente, pronto para a nova vida que Deus havia preparado para mim.

Durante minha recuperação psicológica e emocional, em vez de procurar ajuda na bebida, drogas ou festas noturnas, procurei a sabedoria. Ingressei na escola espiritual da Rosacruz Áurea, que marcou profundamente a minha vida, oferecendo acesso ao conhecimento Gnóstico Universal de todos os tempos. Fiz terapias convencionais, terapias quânticas e li livros que me ajudaram a entender o processo pelo qual eu passava e a encontrar o caminho mais adequado para minha recuperação. Mais adiante, destaco alguns livros, autores e professores que me ajudaram naquela época e transformaram minha vida para melhor, tornando-se uma base sólida para o meu processo de autoconhecimento.

A cada mês, eu me recuperava mais e me fortalecia espiritualmente. Foi em 2020 que Deus me agraciou com um novo casamento. Casei-me com a Cristina — minha atual, abençoada, amada e excepcional esposa. Com essa união, ganhei também uma enteada querida e linda, Nallu, que hoje tem onze anos. Formamos uma família de cinco agora. Cristina, Nallu, Davi, Sophia e eu.

Em 2022, nasceu minha filha Maria, consolidando o projeto familiar. Eu sabia que Deus estava certo (Ele sempre está) ao me dizer: "o projeto de família não acabou com a falência do primeiro casamento". Hoje, temos uma família de seis, maravilhosa, harmoniosa, feliz e próspera. Vivo os dias mais felizes em família até aqui. Valeu a pena!

A JORNADA PROFISSIONAL

Fundada em 2007, do "nada", num home office, a empresa cresceu e, em 2024, está entre as dez maiores tradings de madeira serrada de pinus do Brasil, um produto renovável. Pioneira no aumento das exportações de serrados de pinus para o Oriente Médio e outros mercados antes inexplorados, a empresa consolidou parcerias internacionais e tornou-se líder de vendas em alguns países. Atualmente, suas vendas mensais geram cerca de mil empregos diretos e dois mil indiretos. Com apenas um colaborador em 2009, a equipe cresceu para 23 pessoas em 2023, refletindo o progresso contínuo ao longo de dezessete anos.

Reconhecida como a empresa mais especializada do Brasil no segmento de vendas e pós-vendas de madeira serrada de pinus, a organização é respeitada mundialmente, inclusive por seus concorrentes. Atua em mercados internacionais diversificados, incluindo países como Arábia Saudita, Kuwait, Catar, Omã, Emirados Árabes Unidos, China, Taiwan, Tailândia, Estados Unidos, México, Vietnã, Indonésia, Malásia, Singapura, Coreia do Sul, Egito, Camboja, Peru e Colômbia.

Com muita determinação, persistência, inteligência, força de trabalho, fé e, principalmente, pela providência divina, conquistamos credibilidade internacional. Contamos com o suporte de empresas internacionais que ajudam a alavancar nossos negócios de forma sustentável, assegurando nosso potencial de crescimento futuro.

Atualmente, sou líder de uma família linda: pai de Davi, Sophia e Maria, padrasto de Nallu, marido de Cristina. Sou empreendedor, administrador, investidor, diretor de empresa sustentável e próspera, além de, juntamente com minha esposa, liderar um projeto social-filosófico-espiritual, uma escola de autoconhecimento e transformação humana, chamado "Reunifique-se", iniciado em 2022. Também sou escritor, instrutor de Tai Chi Chuan, baterista, palestrante e ativista sobre tudo o que é sagrado. Dedico-me ao estudo do autoconhecimento, na busca pela verdade e pelo caminho do meio, como um guerreiro da Luz.

UMA REFLEXÃO IMPORTANTE

A história contada anteriormente pode ser considerada uma história de evolução e sucesso? O que é sucesso? O que é evolução?

> **Resposta: "A questão não é ter, é ser.
> A evolução é espiritual. Não do ego."**
> (PROF. HÉLIO COUTO)

Com esse aprendizado é que inicio a nova fase, o novo ciclo de minha vida, que está apenas começando! Obrigado, Pai Eterno.

Considero-me um produto vivo, em constante transformação, resultado da alquimia proposta por muitos mestres do presente e do passado, os quais agradeço profundamente. E agradeço por você me dar a grande oportunidade de poder servi-lo ao compartilhar as minhas vivências e visão de mundo. Mas o mais importante é que você prove por si mesmo. A experiência lhe trará as respostas que procura e, principalmente, mais perguntas. Você não está sozinho. Viva o processo com alegria!

CONSCIÊNCIA, ALMA, ESPÍRITO & ETs

Consciência, Alma e Espírito são palavras sinônimas. A consciência, como o centro de toda a vida, é a base para o estudo de todas as causas e efeitos do Universo. E esta é a grande mudança de paradigma da nova era. Ela impulsiona a nova ciência, a física quântica, e estimula a construção da ponte entre espiritualidade e ciência, entre o materialismo fundamentalista e as religiões. Existe uma vasta literatura sobre esse assunto, que abrange desde filosofias ancestrais até teorias existenciais modernas, todas objetivando provar a existência do espírito, como as teorias dos campos de força multidimensionais e a física quântica, entre outras. No entanto, o objetivo aqui é apresentar uma visão filosófica e experiencial da consciência humana. A consciência é a energia subjacente que anima os corpos e a fisicalidade. Ela é o centro de tudo o que existe, geradora da manifestação da matéria, cocriadora da realidade, bem como a observadora (não somente) e a que experimenta essa manifestação, do microcosmos ao macrocosmos. A consciência cria a realidade e é onipotente, onipresente e onisciente. A afirmação de que o observador — a consciência — cria a realidade faz todo sentido à luz de nossa existência. A alma, também conhecida como consciência ou espírito, é a energia sutil, viva e eterna que anima os corpos físicos. Como um centro de força, ela acumula informações e experiências, decidindo por meio da grande lei do livre-arbítrio. Podemos especular que existe uma única consciência universal, subdividida em consciências menores, refletindo a complexidade da existência. Essa consciência é imortal, enquanto o corpo é mortal. Os pensamentos, sentimentos e crenças são manifestações dessa consciência, expressões da sua essência. Ao longo dos milênios, a humanidade tem buscado descrever as características da consciência, mas, ainda assim, não conseguiu chegar a conclusões definitivas. O que podemos afirmar com certeza é que a consciência existe e tudo o que existe é consciência, é real e é o que define o "você existe".

Mas qual a origem da alma-consciência? Qual seu destino, suas características, seus atributos, sua "localização" e sua missão? Você é o seu corpo, crenças, pensamentos e sentimentos, carregando a sua alma? Ou você é a sua alma, que carrega seu corpo, crenças, pensamentos e sentimentos? A sua alma é daqui?

Jesus disse: "Estou no mundo, mas não sou do mundo" (João 17:14). "O meu reino não é deste mundo" (João 18:36-38). Ou seja, aprendemos com o Mestre de que Ele veio de "outro mundo". Por mais que possamos ter múltiplas interpretações para esses versículos, podemos entendê-los aqui como uma referência a um estado de espírito mais elevado, e não a um lugar físico. Certamente, essa é uma das mensagens que se quis ensinar. Metaforicamente, podemos admitir aqui há um estado de espírito elevado (o mundo em que vive Jesus) e um estado de espírito menor (este mundo), podemos chamar de "um lugar", indicando que Ele não é "daqui".

Ora, para mim, isso significa que o Mestre Jesus é um extraterrestre, um ET — definição dada a seres que se originam fora do planeta Terra. Por isso, Jesus (a representação viva da consciência-alma-puro amor), sob essa ótica, é um ET.

Muito bem, precisamos exercitar um pouco a nossa imaginação para desenvolver um pensamento abstrato. Vamos imaginar, então, que nós, como consciências-almas em essência pura que somos, também não somos daqui e que, por isso, podemos nos considerar ETs que vieram para este planeta. Como entidades de luz, manifestamos nossas crenças, nossos pensamentos, emoções e nosso corpo, com o objetivo de adquirir experiências, resgatar débitos passados e aperfeiçoar o nosso ser numa jornada evolutiva.

Se não sou essencialmente daqui, então, há vários questionamentos a se fazer, os principais são:

Este corpo, que é daqui (matéria), é a manifestação da minha consciência-alma que não é daqui?

Quando eu afirmo "eu sou", estou me referindo à minha consciência-alma, que não é daqui (invisível), ou ao corpo que é daqui (visível) e que vejo quando me olho no espelho?

Então, meu corpo não sou eu, é apenas um veículo que estou usando temporariamente neste mundo?

Meus pensamentos, sentimentos e ações fazem parte de mim, mas também são apenas manifestações da minha consciência-alma?

E por que tenho esse corpo, que por sinal é muito similar aos outros seres humanos deste planeta, todos com dois olhos, duas pernas, dois ouvidos, dois braços, e estruturas de órgãos e células muito similares? Eu não sou este corpo, sou uma consciência, uma energia que pode "viajar" para onde quiser?

A dimensão de tempo-espaço funciona para minha consciência-alma assim como funciona para meu corpo físico?

Então, meu corpo, pensamentos, sentimentos, ações, também são minha consciência-alma?

Se sou essa consciência-alma, onde é a minha casa original? Qual é meu planeta, estrela ou Universo de origem?

Inspirado pelo Professor Laércio Fonseca, a única explicação razoável é que este corpo é um veículo ultratecnológico, avançadíssimo, uma biotecnologia superior planejada por seres extraterrestres ascensionados (os nossos irmãos das estrelas) para executar uma missão. Analise comigo: este veículo é operacional, funciona em quase sua totalidade involuntariamente, sem a necessidade da ação da consciência individualizada humana, incluindo o bater do coração e os pensamentos, e se alimenta de elementos naturais disponíveis no lugar onde vive, sendo extremamente adaptável a diferentes climas. Além disso, reproduz-se, funcionando assim como veículo que traz outro veículo (filhos/filhas) à superfície terrestre, dando continuidade à missão de outrem. Toda a natureza e o mundo animal contribuem para o bom funcionamento dessa tecnologia. Porém, essa tecnologia, que chamamos de corpo — que também podemos chamar de veículo — tem um tempo útil, desde seu "nascimento", até a sua "morte", causada por meio de um desgaste natural ou de alguma forte ruptura operacional.

Assim, podemos assumir a hipótese de que somos todos extraterrestres e que, na realidade, utilizamos um veículo — este corpo — para que possamos, como peregrinos e consciências que somos, passar por essa jornada terrena. Vivemos neste mundo, mas, em verdade, se somos a consciência-alma que habita este corpo, não somos deste mundo.

Essa não é uma teoria lunática, mas sim supercoerente com a realidade, desde que paremos para analisar e sentir a verdade. Somos de fato, a consciência, que também podemos chamar de alma, utilizando o corpo como veículo operacional num planeta natural. Somos, um espírito feito de uma substância etérica, uma substância "invisível" e de estrutura energética altamente adaptável a qualquer corpo que tenha a mesma vibração/frequência e que possa ser acoplado.

Então, o foco da análise deve ser na consciência/alma, ou também podemos chamá-la de "espírito", que é a energia que utiliza o corpo para se tornar operacional. Este espírito, que foi emanado pelo Criador, passa por incalculáveis experiências planetárias e multidimensionais, utilizando os veículos de altíssima e avançada biotecnologia em diferentes lugares do nosso

Universo. Neste caso, especificamente, no planeta Terra, em nosso mundo percebido, ou em outras dimensões (que também podemos chamar de "lugares" se considerarmos que cada frequência no Universo representa um "lugar").

O OBSERVADOR

Então, onde está esse espírito em nós? Se pararmos por alguns minutos, respirarmos fundo e focarmos nossa atenção, exercitando a conexão presencial e estando no momento presente, iremos perceber que há em nós um "observador". Vamos chamá-lo de uma entidade que está em você e que "observa" os seus pensamentos e sentimentos. Ou seja, você não é os seus pensamentos e não é suas emoções. Os pensamentos e emoções podem ser involuntários; porém, este "observador" decide se aceita ou não esses pensamentos e emoções, pode mudar a frequência dos sentimentos e pode cancelar e criar pensamentos etc. Esse observador é a entidade que está em você, que quando perguntamos "quem é você?", você responde: "sou eu". O observador é você. O observador é a sua consciência, a sua alma. Chamamos de observador porque os físicos quânticos utilizam este termo, porém, podemos chamar de cocriadores, pois a consciência que somos, cria verdadeiramente a própria realidade e ela própria a experimenta, de forma ativa e não passiva como um observador.

Se abrirmos seu corpo nesse momento para tentarmos encontrar esse observador/cocriador, não o encontraremos, pois é matéria etérica, substância sutil, energia de vibração mais alta ou de natureza diferente, a qual nossas percepções sensoriais não conseguem identificar. Porém, pergunto: existe o observador/cocriador? Se a resposta for "não, pois só acredito vendo", então pergunto: qual é a entidade em você que observa e cria os seus pensamentos e percebe suas emoções? O observador/cocriador é a sua consciência, é a sua alma. Somente você poderá perceber a existência dela. O nascimento e a morte de uma pessoa nos mostram claramente o veículo com sua alma operante e quando já não está mais operante no veículo.

O mesmo acontece com os pensamentos, emoções, experiências e memórias. Se abrirmos seu corpo ao meio e vasculharmos, com os mais modernos microscópios todas os seus órgãos e células, não os encontraremos, pois não estão armazenados em seu corpo físico. Vamos chamar esses elementos de ENERGIAS, pois são o que realmente são: informações. Energia é informação, e energia não se destrói, mas se transforma. Portanto, podemos concluir, a partir desse raciocínio, que a nossa consciência é quem agrega e gerencia essas energias. Porém, para viver em planetas, a consciência precisa de um corpo operacional adaptável, de acordo com a vibração de cada planeta ou dimensão em que se esteja para cumprir sua missão. Quando essa missão for cumprida, a consciência/alma, abandona esse veículo, ou seja, esse corpo, e continuará sua jornada rumo à próxima experiência.

Mas pergunto: os pensamentos, sentimentos, experiências e memórias existem? Somente você poderá responder a isso. Se a sua resposta for "sim", toda a sua vida mudará a partir de hoje! Porque você irá querer descobrir, aprender, testar e saber sobre essa dimensão da nossa realidade que está em você; sobre a origem desse observador/cocriador, suas características, seu propósito, sua natureza, sua origem e seu destino. Por isso, dou-lhe as boas-vindas ao mundo do autoconhecimento!

Vamos assumir essa hipótese como real, indistintamente e sem pré-conceitos ou discriminação. Vamos assumir que somos, de fato, ETs: consciência-alma que não são "daqui". Partindo dessa ideia como verdade, então, se nosso corpo é um veículo altamente tecnológico e nós somos o observador/cocriador/consciência/alma/espírito — o ET propriamente dito — podemos afirmar que a VIDA É ETERNA, sem a dimensão do tempo-espaço, e que somos peregrinos numa jornada infinita, sem início e sem fim. Ou, se preferir, com um início desconhecido na linha do tempo, mas um futuro infinito, porém com um objetivo claro: evoluir infinitamente num movimento de contração e expansão rumo à casa de nosso Pai Eterno, o oceano primordial de energia pura. Assim, faz todo o sentido INVESTIR a "longo prazo". Isso significa criar muitos créditos, diminuir débitos e investir em um patrimônio sólido e positivo. Mas o patrimônio do qual se fala aqui é o da alma, que dará resultados positivos tanto aqui e agora quanto no futuro. Devemos focar a agregação desse patrimônio energético, tendo como objetivo adquirir resultados benéficos para a alma. Isso nos permitirá conquistar a verdadeira riqueza: a riqueza da sabedoria divina.

> Não ajunteis tesouros na terra, onde a traça e a ferrugem tudo consomem, e onde os ladrões minam e roubam; mas ajuntai tesouros no céu, onde nem a traça nem a ferrugem consomem, e onde os ladrões não minam nem roubam. (Mateus 6:19)

Então, precisamos ser honestos, pesquisar, refletir e estudar sobre:

O que gera créditos?
Seguir o fluxo da vida. As leis do amor.
O que gera débitos?
Tudo que é contrário ao fluxo da vida e às leis do amor.
O que é de verdade um investimento de longo prazo?
Investir na evolução de sua alma, no despertar para o E.T. que você é. Gerar créditos e parar de fazer dívidas.
O que é o Fluxo da Vida?
É Deus. O Tao. Brahma. Alá. O oceano primordial de energia. O fluxo evolutivo do Universo, perfeito, harmonioso e infinito. O rio da vida, que é amor incondicional. É como o Universo

funciona e as suas leis. As leis estão "dentro" do fluxo, e nós, os seres humanos, somos parte integrante desse fluxo, vivemos esse fluxo, estejamos cientes disso ou não. Somos o movimento do TODO. Somos a parte do TODO e o TODO ao mesmo tempo. O TODO é tudo o que existe, o TODO é o movimento, é o fluxo. Por isso, apenas SOMOS. E ser é estar em fluxo com o TODO, é ser o TODO.

Quem sou eu?

Vou sugerir um exercício que pode ajudá-lo a refletir e dirigir sua atenção para alguns indicativos e indícios de quem você realmente é. Encontre um lugar tranquilo, de preferência em meio à natureza — floresta, mar, ou um lugar em que você esteja sozinho e em silêncio. Sente-se confortavelmente, sem se deitar, e faça um pacto consigo mesmo: "hoje eu irei descobrir indícios de quem realmente sou". Esse pacto deve ter um ritual. Sugiro que você escreva num papel os termos desse pacto e abaixo coloque a data e duas assinaturas — uma com o seu nome e a outra representando a sua consciência. Você assina pelos dois: a primeira (a consciência) com a mão direita e a segunda (seu nome) com a mão esquerda; se for canhoto, faça o contrário. Após isso, inicie o exercício. Será uma entrevista amistosa entre a sua consciência e o seu eu (o seu nome, Fulano de tal, CPF tal). A entrevista começará com uma saudação de integração, em que vocês "apertarão as mãos um do outro" em sinal de cordialidade. Em seguida, iniciará a entrevista, e as perguntas abaixo serão feitas pela sua consciência. Você deverá responder escrevendo as respostas, para que depois possa lê-las novamente e refletir.

Importante: Responda cada uma das perguntas antes de ler a próxima pergunta!

1. Quem é você?
2. Mas quem é você?

3. Mas quem é você?
4. Mas e você, você, quem é?
5. Mas ainda você não me disse quem é você de verdade, então, quem é você?

Abaixo eu descrevo as minhas respostas aos questionamentos da minha consciência, relacionados ao pacto que fiz com ela:

Consciência: Quem é você?
Eu: Eu sou Márcio Ramon Benthien, tenho 45 anos, sou administrador e moro em Santa Catarina, Brasil.
C: Mas quem é você?
Eu: Eu já disse, mas sou também, escritor, palestrante, ativista do amor universal. Moramos numa casa muito legal, sou pai de três filhos lindos, tenho uma esposa maravilhosa e uma enteada apaixonante.
C: Mas quem é você?
Eu: Isso é uma brincadeira? Nossa, você ainda não entendeu, o que mais que eu posso lhe falar para que você entenda quem eu sou? Eu nasci no interior de Santa Catarina, numa família de empreendedores, sempre fui muito bem tratado e com muito amor. Ah, eu sou diretor de uma empresa muito bem-sucedida também e investidor de sucesso.
C: Mas e você, você, quem é?
Eu: Não estou lhe entendendo, já lhe falei quem eu sou, o que mais você quer que eu diga? Eu sou uma pessoa dedicada, trabalhadora, busco me conectar com o Divino sempre, busco ajudar as pessoas, tenho amigos, e acho que estou no caminho certo e tenho planos audaciosos para o futuro!
C: Mas ainda você não me disse quem você é de verdade, até agora somente me contou o que você tem, conquistou, serviu, plantou, recebeu, conheceu ou planejou. Mas quem realmente é você?

Eu: Te confesso que eu não sei. Não sobrou mais nada para descrever quem eu sou.

C: Perfeitamente. Agora eu entendi quem você realmente é. Você sou eu (A CONSCIÊNCIA). Muito obrigado!

> **Todos os fenômenos que acontecem em nossa vida, começam a fazer sentido a partir desta reflexão.**

Muito bem, essa reflexão nos leva a concluir que não somos tudo aquilo com que nos identificamos e nos apegamos, como profissão, trabalho, família, religião, crenças, amigos, coisas, endereço, memórias, características da personalidade, planos etc. O que resta se eliminarmos todos estes aspectos de nossa vida?

Resposta: A nossa consciência (alma/espírito).

ENTÃO, SE ESSA CONSCIÊNCIA NÃO É DAQUI, VOCÊ É UM ET, NÃO É MESMO?

Alguns podem pensar que: "não sobrou nada". Mas vamos tentar elaborar sobre o "nada" ao qual nos referimos: nada aqui é a ausência de coisas, memórias, circunstâncias etc., porém, não é a ausência de VIDA. O nada aqui pode ser substituído por "tudo em potencial", um oceano de possibilidades, sem limites, que pode se manifestar em qualquer forma que se deseje. **A nossa consciência pura e sem forma é o que realmente somos.** E esta consciência é individualizada, mas é uma parte da consciência maior, a consciência do TODO. De forma simples, basta eliminarmos de nossa consciência os entulhos de coisas, circunstâncias, filosofias, doutrinas etc. e apenas "sermos" a consciência individual que está conectada com a consciência maior, a consciência UNA. Esta é ilimitada, porque não se apega e não tem paradigmas, podendo se manifestar de qualquer forma ou circunstância.

Quando se fala em soltar ou render-se, estamos nos referindo a esse exercício de desapego e de não identificação com coisas, pessoas e circunstâncias. Tornando este exercício uma realidade em nossas vidas, seremos livres para sermos quem realmente somos.

MARCIOLINO E.T.

Depois de abrir nossa consciência para o contexto do capítulo anterior, vou contar um fato que aconteceu comigo logo após me divorciar. Como já descrevi, foi o momento mais desafiador de minha vida até então, mas ao mesmo tempo, um dos mais fantásticos, intensos e inusitados. Isso porque foi seguido de um dos episódios mais cômicos de minha vida, que comentarei mais à frente. Deixe-me descrever a história: após o evento que chamo de "o encontro com o ET" ocorrido em um certo dia, algumas semanas após ter saído de casa, vivi um dos dias mais desesperadores de minha vida terrena até aquele momento.

Nunca havia sentido tanta dor emocional, impotência, humilhação, incompetência, frustração, tristeza, amargura e medo do futuro. Imagino que muitos que estão lendo isso já passaram experiências semelhantes e sabem como um ego ferido se sente. Muito bem, diante deste cenário interno caótico, todos os dias que se seguiram à minha saída de casa, eu estava desorientado e triste.

Foi então que, em um certo dia, enquanto estava sentado no banho, encolhido, a água batendo em minhas costas e aos prantos, me veio à imagem de um poço: um poço muito profundo e negro, no qual eu caía, demorando muito a chegar ao fundo. Durante a queda, senti meu corpo ser demolido, minha estrutura corporal sendo fragmentada e destruída pela velocidade da descida. À medida que me aproximava do fundo, a velocidade aumentava, e mais fragmentos de meu corpo físico ficavam pelo caminho: pernas, braços, tronco, até sobrar somente a cabeça. Esta, antes de chegar ao fundo, também desapareceu consumida pela velocidade da queda.

Conforme meu corpo era demolido, eu sentia uma dor emocional inexplicável, um desespero, medo, tristeza e amargura profundos. Quando imaginava que estava quase chegando ao fundo do poço, minha cabeça também se desintegrou e ficou pelo escuro caminho de descida. Foi então que, de repente, me vi sem meu corpo físico, somente com a "alma", a consciência, leve e em paz, sentado no fundo do poço. Senti que era o fundo, o fundo do poço, e eu sentado ali, em posição fetal, porém leve. Não havia mais como seguir caindo.

Um sentimento de solidão me dominou, e imediatamente a luz da consciência de forma extremamente indignada, pergunta: "Onde está você, Márcio? Cadê você agora? Onde está o seu grande e poderoso ego? Esse que tanto você serviu? Esse que tanto você dedicou seu tempo de vida, pensamentos, emoções e ações? Onde está o grande Eu? Onde está você, meu ego?".

Muito bem, senhoras e senhores, foi então que descobri que esse ego, esse "eu", ERA UMA MENTIRA, UMA ILUSÃO. Porque, por lógica, ele não tinha mais poder. Cadê o poder dele agora? O que irá fazer esse ego? Nada. Como uma ilusão, algo que não existe pode fazer algo? Como pode um personagem criado de forma mentirosa ter poder sobre alguém ou algo?

Simultaneamente a esse pensamento e sentimento, ainda lá no fundo solitário e consciente da decepção com o meu ego, tive meu encontro com a centelha divina, o espírito do Criador que habita em mim. Eu o senti perfeitamente se integrando ao meu ser, me acolhendo de forma amorosa, acobertando-me com o seu manto sagrado, sem falar uma palavra sequer, apenas sendo e fazendo-me sentir a sua vibração, a vibração do amor e da compaixão. Foi aonde descobri e senti que a centelha parecia não estar dentro de mim, mas sim eu dentro dela, o tempo todo!

Foi lá no fundo que encontrei o maior dos tesouros do Universo: uma luz de sabedoria, inexplicável, uma sensação que os cinco sentidos não conseguem perceber. Uma voz silenciosa, uma frequência que jamais havia sentido, literalmente, não era deste mundo. Imediatamente, uma alegria sobrenatural permeou o meu ser, me mostrando que ela estava ali o tempo todo, mas que, para encontrá-la, eu precisaria demolir tudo ou grande parte do que o ego havia criado ilusoriamente, tudo ou grande parte do que eu "não era".

Como se essa luz tivesse usado a tristeza e o desespero como mensageiros para me trazer o maior tesouro que alguém poderia receber. E esse tesouro encontrei em mim mesmo. A partir desse dia, a alegria voltou a ser a minha principal semente, a semente que sempre esteve em meu coração, a semente da árvore da vida. Um sentimento de gratidão muito forte por tudo o que aconteceu em minha vida até ali. Abri os olhos alegremente, sentindo-me muito leve, em paz e feliz. A partir desse momento, a luz da semente se intensificou em meu ser a cada dia. Essa experiência não para por aí, foi apenas o recomeço.

Por isso, quero contar lhes agora o episódio cômico, alegre e surpreendente que aconteceu comigo alguns meses depois desse encontro com o meu verdadeiro eu.

A CENTELHA DIVINA

Antes de contar, vamos procurar compreender o que é a centelha divina.

Os cristãos conhecem-na como o Espírito Santo de Deus ou o grão de mostarda; os Budistas como a flor de lótus, os rosa-cruzes como a mônada ou a rosa do coração, que se encontra no centro matemático do ser, que é o coração. É o princípio universal dentro de nós, é o TODO individualizado. É a base de sustentação de nosso ser, imortal e infinito, o princípio divino em nós, o fluxo divino individualizado. Todas essas são formas de tentar expressar o conceito, mas a centelha divina é o próprio Deus, o Tao. Por isso, não pode ser definida, mas pode ser sentida, é o nosso mais profundo e fundamental EU. Ela é o "Eu Sou" que opera em nós, a fonte inesgotável de água limpa da vida, a fonte da sabedoria divina, a própria, individualizada.

> *"Pois onde estiver o seu tesouro,*
> *aí também estará o seu coração"*
> **(Mateus 6:21)**

O tesouro a que me refiro é o poder infinito que está dentro de nós; é a parte do TODO que se manifesta em cada ser do Universo, em cada átomo vibrante de forma individualizada. Porém, o poder não lhe é separado, porque tudo está conectado. A nossa ignorância é que pensa e sente em divisão e separação. Para o TODO, não há isso. Quando entendermos e incorporarmos que tudo é uma coisa só, estaremos vibrando na frequência de DEUS.

VAMOS LÁ, AO ENCONTRO COM O "MARCIOLINO E.T."

Um belo dia, em casa, com meus filhos Davi e Sophia, eu baixei um aplicativo de caricaturas para transformar a sua imagem em uma caricatura. Foi então que conheci o Marciolino ET: um personagem com dois dentes, olhos enormes, cabeça grande, queixo pequeno, nariz e boca desconfigurados. Tinha uma aparência estranha, mas superdivertida. Assim que ele apareceu o apelidei de "Marciolino ET" e, imediatamente criei um slogan para ele de forma muito espontânea e imediata: "Marciolino ET, aquele que nunca vai deixar você". Isso ocorreu de forma involuntária, comecei a rir sem parar, chegando a chorar de rir. Minha família e amigos imediatamente receberam mensagens do Marciolino ET e também começaram a se divertir.

Lembrando que, até pouco tempo antes, eu havia chegado literalmente com minha alma no fundo do poço. Foi então que aparece esse personagem simpaticíssimo, o Marciolino ET, em minha vida, que mais tarde compreendi representar, de forma figurada, o verdadeiro "ET" que vive em mim.

Quero lhes contar a minha história com "ele" e o que aprendi com essa figuraça. Mas, antes, por favor, acesse o QR Code a seguir e assista com o áudio ligado, para receber as boas-vindas dele e entender de quem que estou falando. Este vídeo foi gravado no nosso primeiro encontro e, lembrando, "ele" sou "eu" projetado em forma de caricatura. Este é o vídeo original, gravado em 2019, muito antes deste livro ser escrito.

Leia o QR code com a camera do celular

UM E.T. EM MINHA VIDA

Foi ao estudar sobre ETs e após esse episódio do Marciolino ET que tive uma percepção e compreensão diferente por trás dos ETs. Na ocasião, não percebi a conceituação metafísica que envolveu aquele episódio; ela somente evoluiu anos mais tarde! Mas, após algum estudo, percebi que o que aparentemente era uma brincadeira, em verdade, foi uma manifestação da minha consciência em forma de aprendizado e a revelação da minha verdadeira essência extraterrestre, traduzida como a minha consciência-alma extraterrena, de origem desconhecida para este mundo. Por isso, digo que nós somos todos ETs: estamos aqui (corpo), mas não somos daqui (alma)!

O Marciolino ET é como se fosse um irmão gêmeo espiritual, mas que vive em outro mundo e, por isso, tem características totalmente diferentes das minhas. Ele é uma figura que, aparentemente parece um personagem criado, um reflexo: porém, é muito real, verdadeiro, honesto, amoroso e alegre. Preciso lhes contar o que ele tem a falar de mim, o que ele pensa de mim e quem ele diz que sou.

Ele me define como um mascarado, um personagem construído com muito cimento, muito concreto, ele me chama de Mr. Ramon (meu nome do meio). Diz que eu criei uma persona chamada Ramon e que, com a ajuda de meus pais, parentes, pastores da minha igreja, professores, escola, amigos, sociedade, mídia e toda a energia deste mundo, eu criei um personagem, um mascarado. Ele afirma saber a fundo quem eu sou, mas que eu mesmo me esqueci dele. Diz que, eu de tanto ser este personagem, realmente passei a acreditar que sou ele.

Isso é desconcertante porque eu sempre pensei que eu era muito eficiente, amoroso, caridoso e genuíno, mas ele me descreve justamente o contrário do que eu realmente imaginava ser. Ele afirma que consegue ver as camadas de concreto que eu coloquei sobre mim — todas as crenças e sombras —, mas ele também me revela que há a possibilidade de demolir essas camadas, assim como se descasca uma cebola, uma a uma, até que se encontre o verdadeiro eu. A descrição que o Marciolino ET fez de mim em nada me agradou, e estou economizando palavras aqui para descrever tudo o que ele revelou sobre minha persona, por isso, prefiro focar no que aprendi com ele e em como ele é.

Deus sempre se manifesta em nós de uma maneira que possamos compreendê-lo — de forma leve, suave, alegre e amorosa. Assim, com muita irreverência e alegria, o Marciolino ET surgiu para me mostrar que meu projeto de vida e meu projeto de família não acabou. Ele veio para me despertar do sonho, da ilusão de quem eu achava que era. E que alegria que ele tinha, era uma alegria sobre-humana, não uma alegria temporária de uma piada, de comprar uma casa nova, um carro, um objeto qualquer ou ter um relacionamento novo, ou fama, mas sim uma alegria subjacente e estável, desprovida de máscaras e entulhos. Marciolino ET era, sim, um aspecto da centelha divina, do espírito de Deus, do grão de mostarda, da rosa do coração de que tanto se fala — falando comigo, ao vivo, a cores, e de forma divertida e se manifestando da forma que eu pudesse compreender. Eu posso afirmar que DEU CERTO. Eu entendi, por isso, estou contando esta história para vocês hoje.

O Marciolino ET me alegrou e integrou novamente os meus pedaços, aqueles que eu havia perdido ao longo do caminho decadente até o fundo do poço. Como se fosse uma nova consciência, uma nova alma sendo construída. O Marciolino ET e o "Novo Eu", agora juntos e integrados, iniciamos uma nova jornada, Ele me conduz, para que eu possa demolir os saldos da vida passada — aspectos que ainda não se desprenderam de meu corpo espiritual — e a eliminar os traços negativos remanescentes de minha persona, do meu ego, com o objetivo de me unir com ele em totalidade. Mas, como ouvi dele: "tenha paciência, há um caminho longo pela frente para que sua NOVA ALMA seja construída em plenitude". O primeiro passo foi dado: o autoconhecimento. Por isso, devo ser um guerreiro da luz, buscar a sabedoria, pois ela me libertará. Devo ir com calma, passo a passo, tudo a seu tempo, devo seguir o TAO, o fluxo da vida, obedecendo alegremente às instruções e vivendo o agora. Assim, as camadas da cebola, uma a uma, serão descascadas até nao sobrar mais nada, somente a pura luz. Agradeço ao Marciolino ET, por me mostrar esse caminho e por me fazer reconhecer em mim que Ele sou eu de verdade, um aspecto da centelha divina, que se manifesta da forma como podemos entender. A verdade é que a semente da árvore da vida está em nosso coração e que o ego, o pequeno eu, é uma ilusão total. Obrigado ao Criador, por eu ter reconhecido essa verdade nesta vida e poder compartilhá-la.

TODOS NÓS TEMOS UM "MARCIOLINO ET" EM NOSSAS VIDAS

O Marciolino ET, nessa história, representa a centelha divina em nós, uma parte do TODO, o maior tesouro que podemos encontrar, nosso guia para a paz, a verdadeira felicidade, prosperidade e vida em abundância.

Todos nós temos um "Marciolino ET" em nós. Onde está o seu? Procure! Quando procurar irá achar! Nós colocamos tanto concreto, informações, conteúdo, expectativas e estruturas complexas sobre ele que fica cada vez mais difícil encontrá-lo. Solte esse seu irmão gêmeo das estrelas, solte o seu verdadeiro eu, permita que o concreto se abra e as camadas da cebola sejam destruídas. Libere-o de dentro de você. É libertador. Ele quer você, ele ama você, e o mais incrível é que ele TE SUSTENTA. TE DÁ A VIDA E É VOCÊ. Um paradoxo fantástico. Mas ele clama para que você (o ego) o perceba, o ame e confie nele. E isso depende somente de sua mais profunda vontade e dedicação, as respostas irão aparecer naturalmente.

Ele não precisa de você, mas você precisa dele.

**Muitos esperam um contato externo de ETs, imaginando uma grande transformação repentina, mas a principal busca humana deveria ser o reconhecimento do ET que está em você, ou melhor, do ET que você é.
Por meio da experiência da história do Marciolino ET, incentivo amigas e amigos a abrirem seus corações para reconhecer e perceber que não somos daqui, somos a consciência divina se manifestando em diversas formas.
Para conhecer verdadeiramente os ETs temos que nos conhecer primeiro. E, a partir desse ponto, iniciar a grande transformação: o despertar para a iluminação.**

Quando falamos em autoconhecimento, é disso que se trata: descobrir quem é esse poder interior e como ele funciona, quais leis o regem e quais não são deste mundo. À medida que avançamos no autoconhecimento, temos acesso ao tesouro da sabedoria. A medida do autoconhecimento é a medida de nossa fé, quanto maior a nossa fé, menor o medo, quanto menor o nosso medo, maior a nossa liberdade e mais perto da unificação com o Universo Consciente.

Transformar-se. A sua responsabilidade é demolir o seu eu e reconstruí-lo. Encontre, assim, o ET que é você e deixe que ele seja você. E lembre-se se: o seu ET irá aparecer de forma que você possa compreendê-lo, no meu caso foi essa figuraça do Marciolino ET, mas para você poderá ser manifestado através de outro personagem, circunstância, sentimento, pensamento, pessoas, infinitas possibilidades. Enfim, o poder interno da consciência UNA irá manifestar-se em você da forma que for mais eficiente, conveniente e compreensível Mas você precisa QUERER, você precisa estar atento e buscá-lo. Você precisa elevar-se amorosamente. A Força é sutil, leve, e um cavalheiro não arromba portas, mas se você amorosamente quiser e abrir as portas para ele, rendendo-se à força, ela irá entrar de forma inexplicavelmente surpreendente. Por isso, eu espero que essa minha experiência lhe inspire.

Não precisa ser pela dor, pode ser pelo amor, pelo livre-arbítrio de permitir e querer que haja esse encontro e essa fusão. Quem busca, encontra a força. Encontre-a e deixe-a governar. Confiar é ter fé, ter fé é ter a certeza de saber como Ele e suas leis funcionam, é saber qual é o seu propósito no Universo. E o caminho é o autoconhecimento. Então, reunifique-se. Isso é uma questão de querer, é a sua vontade de ação. A ajuda sucederá. É a sua vontade de mudar o seu estado de espírito, a sua frequência, que mudará o seu estado de vida. Então, busque saber e conhecer o que pode aumentar a sua frequência e como eliminar os entulhos, pois isso elevará o seu estado de espírito e, por conseguinte, mudará o seu estado de vida. E a qualidade da sua VIDA irá superar qualquer expectativa do pequeno eu que não mais existirá nesse estágio.

Um dos códigos está em saber quais são os elementos e ensinamentos que podem te ajudar a aumentar a sua frequência, identificar e ressignificar as suas crenças e as técnicas e caminhos para eliminar os entulhos de antimatéria que se agregaram em seu ser ao longo da vida — de forma consciente ou inconsciente. Após ter decidido agir em direção a reunificação com o todo, estas respostas irão aparecer involuntariamente, e a resposta é individual, cada um receberá a sua de forma objetiva e clara.

Aumentar a frequência é vibrar no AMOR INCONDICIONAL e toda a sua decorrência.

Este guia poderá cooperar com a sua busca por essas respostas. As respostas que eu recebi podem ser fonte de inspiração para você também achar as suas. Lembrando que não tenho todas as respostas, mas indícios do que elas possam ser, testo-as em mim mesmo e sei que são verdadeiras e reais. Além delas, neste guia apresento alguns mecanismos e caminhos que utilizei e utilizo para aumentar minha frequência e demolir os aspectos negativos de meu pequeno eu ilusório, rumo à reunificação.

CRENÇAS LIMITANTES E SOMBRAS

"Não construa a sua casa em cima de uma ponte."
(Sabedoria Oriental)

Do nascimento até a morte de nosso corpo físico vivemos uma jornada. Podemos dizer que é uma passagem temporária. Não somos daqui, estamos aqui. Por isso, podemos afirmar que a vida ocorre antes, durante e depois da jornada. E que o tempo (passado e futuro) serve apenas para que possamos viver as experiências na terceira dimensão, porque em realidade nossa alma é atemporal, e está experimentando a vida de diferentes perspectivas, no aqui e no agora. Assim como uma ponte liga uma margem a outra, a sua jornada aqui é a ponte que você usa apenas para atravessar de uma margem a outra, de uma perspectiva a outra, por isso não faz sentido você construir a sua casa em cima da ponte. A jornada tem por objetivo ajudar você a se religar, a reunificar-se com o TODO. A despertar.

Vamos dividir nossa jornada terrestre de sete em sete anos.

Crenças limitantes e a construção do eu (ego) e toda a bugiganga que colocaram em nós — e que após determinada idade permitimos que colocassem em nós. Por isso, devemos observar, analisar e elaborar cada uma dessas fases de sete anos para posteriormente esvaziar, demolir e ressignificar as características negativas do eu que se acumulou e que por fim rege nossas vidas, pensamentos, emoções, ações. Temos uma só energia e se ela é filtrada por um sistema de crenças que está desalinhado com o que verdadeiramente somos, produzimos infelicidade e desarmonia, do contrário, se as crenças estão alinhadas com quem verdadeiramente somos, produzimos felicidade e harmonia.

A construção do ego, do eu individualizado, é necessária e faz parte de nossa evolução. As primeiras quatro fases (até os 28 anos) são fundamentais para que possamos entender as ferramentas de poder e características da vida e, assim, utilizar o livre-arbítrio de forma consciente. Nessas primeiras quatro fases, constroem-se os valores e crenças que serão as lentes pelas quais iremos enxergar e principalmente criar as coisas e circunstâncias do nosso futuro. Nossos pais, parentes, amigos, relacionamentos afetivos em geral, líderes espirituais, professores etc., contribuem para construir este arcabouço de valores e crenças que servirão de referência para, mais tarde, identificarmos e avaliarmos se algo é positivo ou negativo. Ou seja, pelas lentes dessas crenças, iremos avaliar o que é bom ou ruim, certo ou errado em tudo em nossa vida. Porém, a centelha divina lhe concede o sentimento subjacente do que é certo ou errado, e você sempre poderá decidir sob as lentes da centelha ou pelas lentes das crenças limitantes. Certo ou errado, bom ou ruim é subjetivo, porém para a centelha não há subjetividade, há somente o caminho da luz, do amor incondicional. A instrução será clara se o caminho é o de luz (que cria créditos) ou o das trevas (que cria débito).

Essas primeiras quatro fases (de 0 a 7 anos, de 8 a 14, de 15 a 21 e de 22 a 28) são importantes para você perceber o mundo da dualidade e poder entender as leis divinas e que regem o Universo, entendê-las na prática. Por isso quero compartilhar com você uma técnica que funcionou para mim, muito simples, porém eficiente. É um exercício de autoanálise: separe sua vida em fases de 7 anos cada. Num papel, crie quatro colunas e escreva na primeira coluna a fase (0-7; 8-14; 15-21; 22-28; 29-35, e assim por diante). Na segunda coluna, faça um breve histórico dessa fase. Na terceira coluna, descreva três crenças/valores positivos aprendidas nessa fase; na quarta, três crenças negativas aprendidas nessa fase; e na quinta, três principais acontecimentos negativos que marcaram a sua vida naquela fase. Esse exercício requer alto grau de honestidade. Na página seguinte, tem um modelo para facilitar.

O principal objetivo desse exercício de autoanálise é identificar as crenças positivas, reforçá-las e reconhecer as crenças limitantes e os padrões repetitivos nas diversas fases, trazendo à luz da consciência os fatos e momentos importantes de sua jornada. É essencial identificá-los, analisá-los, elaborá-los e ressignificá-los, tudo isso de forma leve, tranquila e com muito discernimento. Como faremos isso?

Como diz o prof. Hélio Couto, "basta um pensamento, vai lá no momento que aconteceu e resolve — perdoe e solte". Afinal de contas, a nossa consciência-alma é atemporal, não existe passado e futuro, você elabora e resolve no aqui e no agora.

Literalmente você se projeta mentalmente naquela situação "indesejada" e vive novamente aquela situação. Sente o que você sentiu, porém, agora que você está mais maduro(a), você somente observa e traz à luz da consciência, analisando, entendendo que o estado de consciência que você tinha naquele momento não lhe permitia agir de outra forma; o estado de consciência da outra pessoa e do Universo eram diferentes, por isso, você elabora internamente, perdoa e ressignifica.

A física quântica explica e comprova que o observador cria e muda a realidade; o sentimento consciente ou inconsciente permanece vivo em você, então, o acontecimento ocorreu no passado, mas como tudo é energia e ela está muito viva — tanto é que atua em sua vida até hoje, por isso a importância de elaborar e ressignificar e você consegue fazer isso por meio desta técnica, basta um pensamento. O seu ego irá lhe dizer que isso não é possível e que não funciona, como normalmente

Fase (idade)	Breve histórico	Crença positiva	Crença negativa	Aspectos negativos (traumas)
0 a 7		1. 2. 3.	1. 2. 3.	1. 2. 3.
8 a 14		1. 2. 3.	1. 2. 3.	1. 2. 3.
15 a 21		1. 2. 3.	1. 2. 3.	1. 2. 3.
22 a 28		1. 2. 3.	1. 2. 3.	1. 2. 3.
29 a 35		1. 2. 3.	1. 2. 3.	1. 2. 3.
36 a 45		1. 2. 3.	1. 2. 3.	1. 2. 3.

faz com tudo que possa libertar você. Por isso teste de forma livre e com toda a sua vontade. Você pode pensar assim: "mas não há como voltar ao passado e nem ir ao futuro." Esse é um pensamento extremamente materialista, e nós sabemos que você, a essa altura de sua vida e grau de conhecimento, entende de que a metafísica envolvida aqui é real e factível, porém você está a um passo de testar a sua eficácia, por isso convido você a testar, mas de forma genuína e na certeza do resultado ser um sucesso.

Sabemos que o mundo quântico opera num *continuum* espaço-tempo atemporal, onde passado e futuro são apenas referências locais para que se possa viver na terceira dimensão, a nossa dimensão da realidade. Porém, todos os fenômenos ocorrem na "não localidade", ou seja, no outro mundo, no mundo real. Exemplo: se você sofreu um trauma qualquer na infância, aos sete anos, e agora você está com trinta anos de idade, esse trauma pode bloquear aspectos de sua vida adulta, como relacionamentos, prosperidade, saúde, ou qualquer outro aspecto. Você é diretamente afetado por esse bloqueio, seja você consciente ou não dele. Ele está ativo e é uma energia viva que te faz infeliz, é uma emoção que está impressa em seu campo emocional, inconsciente, e que se transformou em uma crença limitadora. É por meio dela que você enxerga o mundo e cria a realidade à sua volta, e ela continua atuando permanentemente no momento presente de sua vida. Trata-se de uma energia viva que se manifesta e precisa ser elaborada e ressignificada para que você possa ser livre de verdade.

Então, a técnica que sugiro é simples: feche os olhos, respire calmamente, num lugar tranquilo e seguro, sem ruídos, acalme-se, concentre-se no momento da ocorrência, analise sem julgar, sinta o que ocorreu novamente, mesmo que seja dolorido, mas não julgue, não fuja, encare e sinta.

Após isso, elabore e integre essa realidade em seu ser, perdoando a si mesmo e aos outros, pois todos estavam em estados de vida diferentes, mais ignorantes e indefesos.

Por fim, ressignifique trazendo um novo sentido, o de superação e aprendizado. Tudo isso mentalmente. Em alguns momentos sua mente tentará escapar, mas volte ao momento, veja e sinta a transformação e por último, solte como quem superou a escalada de uma grande montanha, chega no pico e respira aliviado. Imagine-se no alto dessa montanha e solte a montanha, solte. Imagine que em suas mãos fechadas está uma bola de energia, que é o trauma ocorrido e agora elaborado e ressignificado, no alto daquela montanha, solte a bola de energia ao Universo, com um sentimento de agradecimento, ela irá elevar-se de suas mãos automaticamente e subir aos céus. Abra os olhos e siga em frente, e tenha a certeza de que você literalmente foi ao passado e resolveu um problema do presente e que o seu futuro agradece.

Trazer à luz da consciência essas ocorrências do passado, traumas e crenças limitantes, transformará essas energias de forma contundente para sempre. Por favor, teste, você irá se surpreender com os resultados. Lembre-se que você não está somente fazendo bem a si mesmo. O seu futuro agradece, os seus ancestrais agradecem, os seus descendentes agradecem e o Universo agradece. Lembre-se, você não é o único beneficiado ao integrar, elaborar e ressignificar suas crenças, o Universo todo o é, por isso não deixa de ser uma atitude de amor e responsabilidade com o TODO.

CRENÇAS X SENTIMENTOS

Os principais indicadores – os quais estão naturalmente instalados em nosso ser – para identificar uma crença negativa/limitante são nossos sentimentos. Se o sentimento for agradável e positivo, significa que a crença é positiva porque está alinhada com quem você realmente é, a centelha divina. Se o sentimento for desagradável e negativo, a crença é negativa e limitante, porque está desalinhada com quem você verdadeiramente é. Simples assim.

Dica de ouro: sempre que tiver sentimentos desagradáveis e negativos, por exemplo, raiva, inveja, ódio, medo, tristeza, vergonha, ansiedade etc., pergunte-se: em que eu devia estar acreditando? Qual deve ser a minha crença para que eu tenha esse sentimento nessa circunstância? Essa resposta irá levar a identificar a crença por trás do sentimento e do pensamento, o simples fato de identificá-la será o fim da crença, e é nesse momento que você poderá ressignificá-la. Já os sentimentos agradáveis e positivos, como amor, compaixão, coragem, alegria, prazer etc., não precisam de elaboração porque são naturalmente alinhados com o seu verdadeiro eu.

As crenças fazem parte de nós, sem elas não sobreviveríamos. Os sentimentos revelam as nossas crenças e nos mostram claramente se elas estão alinhadas com as instruções recebidas do seu verdadeiro eu interior, a centelha divina — que por essência quer o melhor para nós. Se estes sentimentos forem positivos tais como prazer, alegria, excitação e bem-estar geral, as suas crenças estarão alinhadas com o seu verdadeiro eu e irão atrair tudo o que há de melhor para a sua vida, a manifestação será o espelho dessa crença e você verá verdadeiros milagres acontecerem.

Se forem sentimentos negativos tais como medo, tristeza e mal-estar em geral, as suas crenças não estarão alinhadas com o seu verdadeiro eu. São as suas emoções dizendo claramente que as suas crenças estão equivocadas. Portanto, quando sentir emoções negativas, investigue quais são as crenças negativas que estão por trás do sentimento e que te fazem sentir dessa forma em momentos específicos, seja uma situação, relacionamento ou pensamento. Pergunte-se: "no que eu acredito para me sentir dessa forma?". Fatalmente aparecerá a crença. Reconhecer o sentimento e não o refutar é fundamental, em seguida, investigue qual é a crença negativa, traga à luz da consciência e ressignifique por uma crença positiva. Mas preste muita atenção pois o nosso sistema de crenças utiliza a nossa própria inteligência e pode ocultar a crença negativa essencial, "deixando-o" diluir apenas as subcrenças, escondendo, assim, a crença matriz. E lembre-se, enquanto houver sentimentos negativos, há crenças negativas fundamentais, então, procure, investigue, cave fundo, até encontrá-la e quando a encontrar, agradeça e ressignifique.

Quanto menos crenças negativas, mais o seu eu interior se manifestará livremente e, por consequência, mais alegria, paz, prosperidade, saúde, equilíbrio e bem-estar em sua vida.

O nosso eu interior, a consciência, nossa centelha divina, pulsa, vibra, emite ondas de amor e alegria visando ao êxtase existencial, à plenitude, à abundância. O tempo todo, a nossa vibração, a vibração da nossa consciência é única, é a assinatura individualizada de Deus, por isso dissemos que somos únicos, portanto, a informação que vem do nosso eu interior, é o melhor que podemos receber, é quem realmente somos, somos essa frequência divina e única, e essa informação, essa vibração é filtrada por nosso sistema de crenças. Assim, identificando as crenças negativas e substituindo-as por positivas, permitimos e abrimos as portas para a consciência se manifestar de forma livre. E assim, podemos ser quem realmente somos, à medida que soltamos e liberamos o que não nos pertence, abrimos espaço para recebermos o que nos pertence verdadeiramente — o mundo exterior irá refletir essa realidade. O que está em consonância com o que o nosso verdadeiro eu quer, refletirá em prazer e quando deixamos ir o que não nos pertence, por meio da liberação das crenças negativas — que são fardos que não nos pertencem —, abrimos as portas de nosso ser para receber tudo o que somos verdadeiramente. A manifestação de nossa realidade física, ou seja, o que acontece em nossas vidas nada mais é do que o espelho de nossas crenças, sejam elas positivas ou negativas. O que acreditamos é o que acontece em nossa vida física, e nossas crenças são voláteis, podemos mudá-las a qualquer momento, basta um pensamento, basta identificá--las e ressignificá-las, para isso, temos nossos sentimentos que são nossos aliados nessa tarefa, são os indicadores se estamos alinhados e vivendo de acordo com o nosso propósito ou não. Quem realmente somos ou não, portanto, nossos sentimentos negativos devem ser nossos amigos, reconheça-o como um amigo que está mostrando onde está a disfunção. Se o sentimento for negativo, certamente, você tem uma crença que é uma ilusão, precisa ser identificada, trazida à luz da consciência e ressignificada. Dessa forma, quem realmente somos irá se manifestar de infinitas formas, tudo o que estiver em consonância com quem somos será atraído e tudo que não somos será repelido. É simples. Teste. Você irá se surpreender porque a cada dia você será mais você. Rogo que tenhas a coragem de identificar suas crenças negativas, trazê-las à luz da consciência e permitir-se ser livre, viver o seu propósito.

Alguns exemplos de crenças negativas para avaliação:

- » Você não é digno
- » Você não é merecedor
- » Você não é poderoso
- » Você não é confiante
- » Você não está confiando
- » Você não está conectado com o Todo
- » Você está fora de controle
- » Você não é capaz
- » Você não é amado
- » Você não pertence
- » Você não merece
- » Abundância é somente ter dinheiro e bens

- » Desamor
- » Desvalor
- » Desamparo

Lembrando que essa técnica de usar os sentimentos como indicadores para identificação de crenças negativas, torna irrelevante o conhecimento da causa primeira da crença, mas foca no resultado positivo em sua identificação e ressignificação.

Quero compartilhar três crenças que, ao serem ressignificadas, podem demolir várias outras:

- **Crença negativa:** a morte do corpo é o fim da vida e tudo se acaba com ela. **Ressignificando:** Sou um ser eterno, a morte física é apenas o fim de um ciclo, de um veículo operacional, a vida não se extingue, a existência é, por isso sou Deus em ação! Então, por que a pressa?
- **Crença negativa:** Eu estou sozinho nesse mundo, tudo está dividido, a realidade é somente o que eu percebo com meus cinco sentidos, o espírito é um sonho. **Ressignificando:** A realidade é o espírito e a matéria é o sonho! O espírito é tudo o que existe e eu sou uma centelha que está unida ao TODO, por isso eu posso me expressar e ser eu mesmo, não importa as condições exteriores, elas são expressões do meu eu interior, o que muda dentro, muda fora e não ao contrário.
- **Crença negativa:** O ego existe e sou eu. **Ressignificando:** o ego é uma crença somente, igual a todas as outras, porém a mais profunda, a grande ilusão. Eu sou Deus em ação, o próprio, sou a centelha de Deus que é livre, alegre, próspera, saudável, equilibrada e amorosa.

Construa crenças positivas alinhadas com quem você é de verdade, sugiro que sempre as afirme e reafirme em sua vida. Estas são as que eu chamo de "verdades poderosas":

- » EU SOU QUEM EU SOU E ISSO ME BASTA
- » EU SOU DIGNO
- » EU SOU MERECEDOR
- » EU SOU UM COCRIADOR DA MINHA REALIDADE
- » EU SOU PODEROSO
- » EU SOU CONFIANTE
- » EU SOU E ACESSO TODAS AS FORMAS DE ABUNDÂNCIA
- » EU SOU CONFIÁVEL
- » EU ESTOU CONECTADO COM A FONTE DIVINA
- » EU TENHO O CONTROLE DE MINHA VIDA PORQUE SOU O PRÓPRIO DEUS EM AÇÃO
- » EU SOU CAPAZ
- » EU SOU EFICIENTE E EFICAZ
- » EU SOU AMADO
- » EU PERTENÇO
- » EU SOU DEUS EM AÇÃO – O PRÓPRIO
- » EU SOU ÚNICO
- » EU CONFIO NAS PESSOAS
- » AS PESSOAS SÃO COMPETENTES
- » EU ME AMO E AMO TODAS AS CRIATURAS

RECOMENDAÇÕES

- Estude sobre sombras e o inconsciente coletivo. Assista aos vídeos do Prof. Hélio Couto e leia o livro dele, *Sombras e o Inconsciente Coletivo.*
- Faça o curso da Professora Valéria Campos sobre crenças limitantes.
- Faça o curso sobre Arquétipos com a Prof. Mabel Cristina.

COMO AUMENTAR MINHA FREQUÊNCIA

- Estudar sobre como funciona o Universo e suas Leis.
- Fazer o que te dá prazer.
- Ajudar com alegria.
- Trabalhar com alegria.
- Estudar com alegria.
- Praticar meditação, ioga, Tai Chi Chuan.
- Orar.
- Sentir amor incondicional.
- Buscar autoconhecimento.
- Cuidar do seu corpo e mente.
- Seguir a voz da intuição em tudo.

EGO, EU & O ET

A luta é contra mim, sou guerreiro. Sou os dois, o que ganha e o que perde. Um me diz que já ganhei, outro diz que é feliz, sendo os dois, nunca ganhei, sendo um, eu vencerei. Faço o que devo fazer, porque sei que vencerei. Essa luta é contra mim, na certeza da vitória é que busco a minha glória, se venci, não me orgulho, se perdi volto a tentar. Mas é certo a minha vitória porque ei de triunfar, pois aquele com que luto é quem nunca vai me abandonar. Sou o ego iludido, que é o próprio inimigo. Lutarei contra o rei, mas o rei não lutará, pois quem vence já sabemos, é o rei lá de Judá, é aquele que oferece a sua casa para morar. Esse lar a mim pertence, basta apenas um sorriso, de um ego iludido, voltar logo para o lar. Serve ao rei com gratidão, tira toda a minha dor e serve a casa com amor. Essa luta acabou, sou o rei e sou amor. Sua casa é minha casa, e minha casa é o Senhor.

Temos dois centros de força em nós: o ego e a centelha divina (ou seja, o próprio Deus em nós). O ego sofre um processo de inflação como denomina Carl Yung, que deveria cessar no final da segunda infância, por volta de doze anos. Esse processo de inflação do ego é necessário para que a personalidade seja desenvolvida plenamente e fique forte, por isso, a partir dessa idade o ego deveria render-se e unir-se à centelha divina e permitir que ela dirija a sua vida. Carl Yung chamou esse processo de rendição de "Individuação", que é a fusão com a energia primordial do criador. Quando isso acontece, significa que, a partir daí, não é mais você quem vive, mas sim Deus vivendo por meio de você plenamente. Aquele que você chama de "eu", é o ego e ele luta fortemente para que esse processo não aconteça. Por isso, identificar essa força, tornar-se consciente e agir, colocando o ego a serviço da centelha divina, à disposição totalmente, rendendo-se, é a grande transformação humana. O ego é a nossa personalidade, e é ele que deve decidir, de livre e espontânea vontade, ceder sua vida ao poder infinito que vive nele. O processo de individuação, para acontecer, deve ser de puro livre-arbítrio e não há outro jeito senão a total integração e rendição.

Essa fusão integral deve ser o maior objetivo do ser, e por isso estamos aqui, nessa jornada terrena: uma oportunidade para que esse processo ocorra. O espírito de Deus está mais próximo que mãos e pés, porém, nós, como egos, lutamos para nos manter no poder. É nossa missão desconstruir essa ilusão, entender esse processo de individuação, agir de forma livre e alegre, colocando à disposição o nosso corpo, a nossa alma, e tudo que temos a serviço da centelha divina, para que o próprio Deus viva em nós e, por consequência, vivermos em estado de paz, felicidade, prosperidade, saúde e amor com todas as suas consequências. Essa transformação representa a reunificação com o paraíso perdido que intuitivamente todos sabemos que existe, mas que no estado atual de consciência, nos parece distante, porém, está mais próximo do que pensamos.

Seu Ego é aquele que você chama de eu quando se olha no espelho, então, a vontade, o querer para a ação, deve vir do seu ego, ele é que deve decidir trabalhar a favor da Luz.

Parece um paradoxo, seu ego que cria os problemas, e este mesmo ego deve ter a vontade e o querer para concertar tudo? Mas é isso mesmo. Porém, o ego, na verdade, decide morrer para que o outro, seu irmão gêmeo, assuma o controle, mas esse irmão gêmeo, na verdade é a centelha divina, a parte do todo, o filho de Deus, que há de surgir, assim que o pequeno eu morrer. O pequeno eu não quer ceder, não quer morrer, e luta para manter-se no controle, com toda a energia que tem, e essa energia é contrária ao TODO, por isso se desgasta, sofre e se esgota. Mas se esse ego decidir morrer para que o outro nasça, então haverá o milagre da vida. Você (ego) não irá puxar os próprios cabelos para sair do poço de lama, mas decidirá querer sair dele. Para isso, é preciso render-se àquela que é a única que poderá tirá-lo do poço: a Força. E ela está em você mesmo. Basta observar, se conscientizar, querer, decidir e agir. O resultado será a consciência de que essa força sim é quem eu sou de verdade.

Então, devemos nos perguntar: quem é o personagem eu e quem sou eu de verdade?

Essa distinção precisa ficar clara. O Marciolino ET, em nossa história, é a centelha divina, ela muda de forma e se manifesta em Tudo, em Todos, com amor e alegria. Mas o eu-personagem se manifesta quando eu olho no espelho, com meus limites corporais e pensamentos ilusórios, limitados, de controle e poder e sentindo medo, vendo que não tem resultados concretos a longo prazo, muito menos estáveis, pois há instabilidade em alguma área da vida. O equilíbrio parece ser uma ilusão ou algo impossível de alcançar. Porém, a centelha divina, que é a parte da consciência unificada do TODO, é tudo o que existe, controla e gerencia tudo, e dá vida a tudo. Ela é a inteligência subjacente a tudo e que pensa grande, muito grande, em um prazo infinito e sem forma. É amor e alegria e toda a decorrência disso que resulta na abundância de vida.

Muito bem, então você decide se quer se unir com Ele num manancial de vida para toda a eternidade ou manter-se isolado com resultados pífios e de curto prazo, limitantes e ilusórios. Você decide quem você quer ser de verdade! E isso independe de seu estado atual de ser! Independente aonde, como e em qual circunstância você está. Basta uma decisão. As respostas e a ajuda virão imediatamente. Teste.

Parece que o sentimento de pertencer à força está muito longe de nós, tornando-se difícil de alcançá-la. Alguns podem até pensar que já a têm, ou ter apenas uma leve lembrança de alegria e amor puro original que, em algum momento de suas vidas, se fez presente. Por isso, incentivo e estimulo você a pesquisar, investigar em si mesmo essa realidade, pois há, sim, uma memória em você, em seu inconsciente, no centro de seu coração espiritual e que clama para vir à tona.

Tudo irá mudar a partir dessa descoberta. E ela pode ser feita hoje mesmo, basta um pensamento e um sentimento puro, verdadeiro e honesto. A percepção genuína de que a força vive dentro de mim e é real, e ela somente vive no agora. No presente momento. Ela não está no passado nem no futuro, pois essas são referências de espaço-tempo aos quais nós precisamos para nos orientar e viver aqui, não existe para a força tal dimensão temporal, tudo é um *continuum*, eterno no sentido de "sem-tempo". E é nessa dimensão do "sem-tempo que a força existe. "Buscai o reino dos céus e a sua justiça, e todo o mais lhe será dado por acréscimo" (Mateus 6:33). O reino dos céus, entendo por ser um estado de espírito e não um lugar, e este estado, essa dimensão é a do "momento presente", o aqui e agora. E a justiça, se refere às leis universais. Quando Buda fala da "ausência de desejos", ele se refere também a um estado vibracional, dimensional do "agora", suprimido de desejos, porque vive o momento presente. E é nesse estado que se acessa a força e se conecta com a força.

Naquele momento de minha vida eu precisei da força e pedi por ela, foi surpreendente a manifestação do Criador ao me mostrar algo que inconscientemente eu estava pedindo: a alegria dele. E essa alegria, essa energia que constrói Universos está mais próxima que mãos e pés. Está em nós, todos nós, sem distinção. A força está com todos. A força SOMOS NÓS.

Nosso ego se alimenta, principalmente, da ignorância ao acreditar que estamos todos separados e sozinhos, mas é certo que há um comando superior que nos guia e nos ama, não estamos sós, a percepção de solidão faz parte da nossa jornada de aprendizado, mas perceba, sinta e avalie pois não estamos sós, estamos todos conectados e temos uma hierarquia superior nos ajudando, pois todos temos uma missão distinta. Esse entendimento nos liberta da prisão do egocentrismo e abre portas para vivermos a verdadeira essência do ser humano — viver para o próximo, para a natureza, para o Universo. Com todo o seu potencial, de todo o coração, de toda a sua alma.

Somos diferentes, e isso faz toda a diferença! E muda a nossa visão de mundo!

O Marciolino ET foi um aspecto do verdadeiro EU divino e eterno, e o que eu chamava de eu era, na verdade, o personagem que sempre aparecia e ainda aparece no espelho e que quando interage com alguém ou pensa em algo, sempre quer ter a razão, chamar a atenção e está na defensiva chamando tudo de meu, com medo de perder o controle, o verdadeiro ego em ação. Esse pequeno eu tem, sim, a sua função, a de ter a vontade de unir-se ao todo e tornar-se UM só com a força. A partir desse momento, será o humano a serviço do Divino. E assim ocorre a transformação fundamental: a metanoia. Sabendo que esta fusão ainda não ocorreu totalmente, talvez ainda esteja em estágio rudimentar, mas com essa aproximação e experiências, definitivamente posso afirmar que a minha vida tem sido modificada e ouço o espírito universal muito mais do que antes. Meu ego, ainda com todas as características egocêntricas, decidiu por iniciar a jornada do autoconhecimento e sofrer o processo de metanoia. Que a caminhada seja leve e amorosa rumo a reunificação. Mesmo com defeitos e falhas, vivencio todos os aspectos da vida com coragem e alegria, porém com o propósito do serviço ao bem maior.

Esse processo de transfiguração, obviamente, ainda não se completou, mas avançou, e é isso que importa: de glória em glória a evolução e a reunificação. O processo de demolição do antigo eu continua ativo, porque o ego ainda luta para permanecer no poder e no controle. No entanto, essa luta está perdida, porque, no âmago do meu ser, já houve a decisão de render-se à centelha divina, a Deus. O caminho está cheio de desafios e grandes obstáculos, mas o primeiro passo — a busca pelo autoconhecimento — foi dado; começou. E, na prática, posso afirmar com todo o meu ser que minha jornada está mais leve, mais equilibrada, mais saudável, mais próspera, mais feliz, mais harmoniosa e mais poderosa. Porém, ainda estou muito longe da pureza, libertação e iluminação, mas na certeza de estar encontrando e caminhando no TAO. Inclusive, descobri que temos uma jornada desde que fomos emanados pelo Criador, e nessa jornada partimos da pura luz, da completa sabedoria, e vamos à completa escuridão, às trevas da ignorância. E então, fazemos o caminho de volta à "casa do Pai", de volta à pura luz, sabedoria, alegria e paz. Que o caminho seja leve e alegre.

    E esse caminho é o próprio espírito universal, o TAO, o fluxo da vida, manifestado em você e em tudo o que existe. Você é tudo o que existe. Por isso, se jogue, se solte e se liberte. O primeiro passo, com certeza, você já deu, ouvindo a voz do silêncio, a voz de seu coração. Assim, desejo a você, minha irmã e meu irmão, muita coragem, paz e alegria nessa jornada, pois você está comigo e eu estou com você, somos o próprio Deus em ação. Lembrando que o seu sucesso é o meu sucesso, e o meu sucesso é o seu sucesso. Então, vamos nos ajudar. Que este guia possa contribuir e nos ajudar nessa maravilhosa jornada.

SOLTAR

Soltar não é perder o controle, é se entregar à potência incomensurável de amor e alegria que já está construída em cada um de nós, é se tornar parte integrante de uma mente superior, funcionando como um todo. Rendendo-se à força maior, solta-se a ilusão do pequeno ego e abraça-se a realidade universal de plenitude e abundância.

Ouvir a voz do nosso construtor, aquele que é tudo o que existe, que está em nós e ao nosso redor, permitir que Ele se manifeste por meio de nós. Graças ao seu amor infinito e poderoso, existimos, continuamos vivos e somos capazes de ter desejos e, pela lei natural, experimentar o prazer. Se fizermos o que realmente desejamos e o que nos proporciona alegria, encontramos o Criador, que está em tudo e é o fluxo da vida. Para isso precisamos SOLTAR.

Aquietar a mente significa perceber de que você é o TODO. Soltando: pensaremos, sentiremos e agiremos como o todo, que é puro amor. E as consequências serão sempre extraordinariamente mais agradáveis, harmoniosas, equilibradas, felizes, saudáveis e abundantes do que a outra opção que é não soltar. Mas normalmente servimos a "outros deuses" menores, criados por nossas expectativas e ilusões, alimentadas por uma mente que se apega ao materialismo, fugindo da realidade objetiva, a realidade última do Universo.

A lei do livre-arbítrio permite que optemos pelas ilusões e apegos do eu menor, que, certamente reconhecerá a sua própria ilusão, criando frustração e sofrimento. Entretanto, essa decisão de optar pela ilusão e pela dor cumprirá o seu papel: levará sua consciência a perceber, no íntimo de seu ser, o centro de força que é o seu verdadeiro EU, a realidade objetiva do seu espírito, que é o puro amor, liberdade, alegria, paz, sabedoria e a vida em abundância. Por isso, a solução é entregar-se, soltar, viver o aqui e o agora, se jogar nesse mar de infinita sabedoria e ouvir as instruções do TODO, que é maior que a soma das partes. Por que nos contentarmos com um punhado de água que escorre pelas mãos, se podemos ser o mar? Jogue-se, solte-se, viva e reunifique-se à fonte criadora. Permita-se ser quem você é, viver o espírito universal.

> Nos princípios do tempo impera
> A unidade de todas as coisas.
> O céu é puro porque é uno;
> A terra é firme porque é una;
> As potências espirituais são ativas,
> Porque são unas.
> Tudo o que é poderoso, assim o é por ser uno.
> (Texto 39 do *Tao Te King* – Laércio Fonseca)

Na carta 29 do livro *Cartas de Amor*[1], Jacob Beilhart diz o seguinte:

> *Olha para dentro, não para trás*
> *Da alma para o Espírito Universal:*
> *Quando Tu me chamarás de novo, como me chamaste quando despertei do sono e respondi ao Teu Amor? Quando Tu cumprirás as promessas e farás de mim a Rainha de Tua Vida e objeto do Teu Amor?*
> *Resposta do Espírito Universal:*
> *O fraco coração, triste e solitário, de olhos baixos postos no passado, lembrando de pensamentos que já foram vívida reali-*

---

1 BEILHART, Jacob. *Cartas de amor*. São Paulo: Civitas Solis, 2020, p. 124-128.

dade, alimentando-se do passado enquanto recusas Meu Amor e Vida hoje: olha para dentro de ti mesmo, e para de olhar para trás! Esquece o passado, pois para hoje Eu sou suficiente, como fui suficiente para as necessidades de ontem.

Quando te encontro sem esperança e vazia, tu Me dás toda a tua atenção. Tu Me encontras plenamente, com toda a tua vida, e ficas satisfeita.

Ao te dar Minha Vida e Amor, e te dar a esperança de Minha promessa, tu começas a dividir tua atenção, e parte de tua vida passa a se ocupar pensando no passado. Já não te encontro vazia; já não vens a Mim com toda a tua mente e teu coração.

Dás atenção ao passado, e tentas trazê-lo para o presente. Essa atitude Me afasta de ti, pois não Me trazes um vaso vazio. Não consideras que Eu seja suficiente para cada dia, e Eu – que te chamei à Vida, e fiz tua mente consciente responder aos Meus primeiros raios de Luz e Amor – posso sempre fazer isso por ti. Uma vez desperta e consciente, pensas que Me deves ajudar; teu eu assume responsabilidades e cuidados para contigo.

Tentas guardar para o futuro o que Eu criei para o presente.

Impedes-Me de te suprir diariamente com Meu Amor e Vida, porque manténs o Amor e a Vida que te foram dados ontem.

Como aos antigos israelitas, o maná dado a cada dia permanece bom apenas no dia em que é dado. Por que não Me recebes de novo a cada dia, a cada momento?

Permite que Eu remova de ti o que te dou, assim te encontro sempre vazia e te supro com coisas novas.

Não te apegues ao que te deu prazer ontem, ou no ano passado. Não te apegues a pessoas através das quais te amo, nem as prendas através de atitudes apenas porque uma vez te satisfizeram.

Devolva-Me vazios os vasos que a cada instante te entrego carregados com Meu Amor e Vida.

Se não te apegas aos vasos que te cercam, e ao invés disso bebes em meu espírito, Eu recarrego os vasos e os mantenho cheios a todo instante.

Não chames as coisas e pessoas de tuas, apenas porque Eu as utilizei para Me revelar a ti.

Dá-Me liberdade para ir e vir como Eu desejar.

Nada Me peças, pois ao fazê-lo amarras Minhas mãos pela obrigação de cumprir um dever; ao contrário, deixa-Me livre para que Eu Me dê como um presente. Ó fraco coração! Triste coração! Solitário coração! És assim porque não Me deixas ser o que Eu Sou: Vida, Sabedoria e Amor presentes.

Vives na parte da tua mente que se apega a tudo, e pede que as coisas de ontem se repitam hoje.

Falta-te a Fé que Me dá liberdade para expressar Meu Amor como Eu sou. Sim, essa é a causa da ausência de Luz e Vida em tua vida presente.

Tua consciência está na parte equivocada da tua natureza.

Te recusas a deixar o passado ir. Te recusas a Me dar a liberdade de te presentear com Meu Amor.

Meu Amor te despertou quando estavas sonolenta e inativa. Vim a ti quando nada parecia Me atrair.

Se vim a ti e despertei tua energia latente, e te fiz florescer e se tornar mais atraente, fazendo-te expressar um pouco de Meu Amor e Minha Vida, posso agora suprir todas as necessidades que criei em ti.

Confia em que Eu te supro de tudo, pois sei do que precisas.

Tenhas mais Fé em mim, pois satisfaço os desejos que crio em ti sem que Me peças e sem que Me tentes compelir a Me expressar em ti.

Não oponhas resistência ao que te trago. Não tentes fugir dos servidores que te mando para te livrarem do passado. Não feches a porta às situações que te envio para te prepararem para Me receber.

Não lamentes quando estás vazia de toda luz, pois essa é a única evidência de que estou para te visitar e te preencher com Meu Amor. Procures não reter nenhum pensamento, emoção ou esperança, pois na ausência deles tua consciência de Mim se amplia.

Não te apegues às flores da tua natureza, nem tentes recuperá-las. Elas tiveram seu tempo e lugar, mas agora é tempo do fruto, que é mais duradouro.

Sim, aquele sentimento que sentes em teu âmago, e que não podes descrever, é Minha Vida construindo o fruto silenciosa mas constantemente. E deves penetrar voluntariamente na escuridão e viver apenas no presente, ativando a Fé e Me permitindo remover todo o passado da tua vida. Quando recebes todos os servidores que te mando na forma de circunstâncias, de pessoas, coisas e condições; quando cessas de afastá-las ou negar-lhes o direito de servirem aos Meus propósitos; quando te submetes a tudo sem resistência; quando te submetes a tudo o que está presente em tua natureza sem te importares com o que foi no passado, ou se é considerado bom ou mau, e não resistes às suas expressões do mesmo modo que não resistes ao direito das outras pessoas e coisas se expressarem; quando te rendes inteiramente a tudo o que Eu te dou e não condenas nenhuma expressão, então terci limpado todo vestígio do passado. E então te renovo inteiramente.

Se te apegas a qualquer coisa, ou negas a ação de alguma coisa que está em ti, ou condenas tal ação, fechas a porta a Mim, e não posso dar Meu Amor que te está disponível a cada momento.

Acredite, querida, tenho consciência guardada em teu coração que, quando Me permites preparar o caminho, trago à tua mente consciente para realizar todos os anseios de teu coração.

Uma consciência plena de Fé; que não está apegada ao passado; que Me permite te ser um Presente constante. Uma consciência em que encontras perfeito.

Descanso e plena Alegria em tudo o que fazes. Sim, a consciência do Fruto perfeito, que expressa Minha Sabedoria e Amor. E assim, Minha Rainha, sou Eu Mesmo para ti, e tu és Minha Sabedoria e Amor para os outros.

Teu Noivo

Parece algo impossível de se fazer. Soltar. Esse é o estado da arte. Quem sentir isso — eu disse sentir e não apenas conhecer — e vivenciar na pele, resolve todos os problemas da vida, sente paz, harmonia e vive em plena prosperidade, alinhado com todo o Universo. Os taoístas praticam o Wu-Wei, o poder da ação por meio da não ação. Aqui a não ação não é não fazer nada, é não criar expectativas, desejos, é um estado interno de ser, exteriormente se faz o que é necessário, mas interiormente mantém-se em total plenitude, no aqui e no agora, em paz. É a arte de viver o TAO, o fluxo, o caminho da vida.

No livro *Soltar*, página 197, o Prof. Hélio Couto diz o seguinte:

> A questão é simples, dá para jogar o jogo do mundo? Dá; a regrinha para jogar o jogo do mundo é compete com alegria, sem zona de conforto, sem reclamação, sem ficar murmurando, sem achar que está bom, que está demais, que está vendendo muito, sem nada deste muro de lamentações.

Soltar é viver a força em plenitude. A força está pronta para libertá-lo e viver com você. Basta encontrá-la e querer, pensar e sentir o amor dela. Soltem o seu pequeno ilusório eu, soltem seus apegos e libere o verdadeiro ET que você é:

- solte os bens materiais;
- solte as pessoas;
- solte as memórias;
- solte as expectativas;
- solte os prazeres;
- solte as circunstâncias;
- solte a crença em um deus;
- solte os seus pseudoproblemas;
- solte as criações ilusórias de seu eu que tiveram como base o medo;

- solte tudo que você criou para proteger o seu personagem;
- solte tudo que o aprisiona por dentro;
- solte o seu personagem;
- solte o medo da morte;
- solte o medo de evoluir infinitamente;
- solte o medo de encontrar a Deus e saber como ele é, como ele, pensa, sente e age;
- solte o medo do amor incondicional;
- solte tudo o que você não é.

Faça isso hoje, agora, feche os olhos, sinta a mudança e um milagre sobrenatural de ordem universal irá acontecer quando você ler estas palavras.

O espírito universal irá se manifestar em você de forma inteligente e compassiva, surpreendente e incrível.

Por isso: SOLTE, pare de lutar e observe o que o amor universal fará por meio de você.

MANIFESO & IMANIFESTO

Recebi uma mensagem intuída em março de 2023, quando voltei de uma viagem de negócios ao Oriente Médio. E essa mensagem chegou a mim na madrugada do dia 12/03/2023 por meio de um sonho semiacordado, que me lembrava e ensinava sobre o Manifesto e o Imanifesto. Que tem absolutamente tudo a ver com a arte de soltar. O Manifesto representa o mundo físico, o mundo da manifestação, o mundo dos átomos e da "energia congelada", o mundo daquilo que se pode perceber e provar por meio da ciência ortodoxa atual: mesa, cadeira, parede, carro, casa, corpo humano, órgãos, animais, plantas, minerais, luz solar, vento, água, ondas de rádios, GPS, TV, celular, partículas subatômicas e tudo o mais que existe no Universo. Por outro lado, o Imanifesto é a contraparte, digamos "espiritual", que é tão física quanto, porém, a física ortodoxa nega a sua realidade e não consegue prová-la por meio de seus instrumentos. A existência do Imanifesto é evidenciada pela própria existência do mundo manifesto, pois sem o Imanifesto espiritual não há manifestação alguma. A humanidade descreve o Imanifesto de inúmeras maneiras, denominando-o de Deus, o Tao, Brahma, Karma, Alá, Tai Chi entre outros, na terminologia mais moderna: o Vácuo Quântico. Em essência, o Vácuo Quântico é o oceano primordial de energia, o mundo das potencialidades, de onde toda a matéria do Universo emerge. Pode também ser compreendido como a GRANDE CONSCIÊNCIA CÓSMICA, uma consciência que é TUDO O QUE EXISTE. Assim, concluímos que o Manifesto e o Imanifesto são, na verdade, uma coisa só. Sua essência, o núcleo Imanifesto, é feito de uma substância — uma substância supersutil que é a matéria-prima de tudo o que existe. Essa chamada "matéria-prima sutil" é infinita, abundante, viva, inteligente, flexível, moldável e transferível. É uma substância chamada ENERGIA que, na verdade, é todo o potencial de manifestação do Universo e de tudo que existe, está em nós. Nós somos feitos "dela", em verdade, somos "ela". A essência dessa substância, tão complexa, indescritível e infinita, é ao mesmo tempo simples e incompreensível, mas que podemos perceber dentro de nós e fora de nós, que é o AMOR. Essa é a chave que abre todas as portas da compreensão e do poder infinito. Toda a criação tem como fundamento o AMOR. Deus é amor, e amor é tudo o que existe.

AMOR INCONDICIONAL — O FLUXO

Se entendermos o amor incondicional do Criador como um fluxo, um movimento, uma constante mudança, percebemos que nós, em verdade, somos esse fluxo — uma minúscula parte desse movimento de amor — percebemos que estamos em tudo e somos tudo que existe. Nosso pequeno eu pensa que somos separados de tudo, mas a lógica, a verdade, a essência do Universo e as leis universais provam veementemente que não é assim. Então, por que resistir? A entrega, a rendição, é inteligente e congruente com as leis naturais. SOMOS o Imanifesto e o Manifesto ao mesmo tempo, estejamos conscientes disso ou não. Mas essa consciência nos transforma, nos faz verdadeiros filhos e filhas da consciência maior. Enquanto pequeno eu, somos separados, porém, fisicamente (manifestação), estamos totalmente conectados. A verdadeira transformação acontece quando o meu pequeno eu, a consciência do eu, é demolida, como uma mentira que nos contaram e que, em determinado momento, descobrimos. Nesse instante, a ilusão é imediatamente demolida e dá lugar à verdade. Mas, neste caso, trata-se da verdade da vida, da realidade última do Universo, de como funciona o TAO. Esse é o momento mais importante na vida de toda a alma humana: o encontro com a verdade, o encontro consigo mesmo. Pois Deus está e é Tudo o que existe, o Imanifesto e o Manifesto, e esse encontro é indescritível. A percepção da realidade nua e crua é DIVINA, porque "cai a ficha" de que nós somos DEUS em AÇÃO, somos o próprio. É através de nós que o TAO se manifesta, o TAO é indescritível, onipotente, onisciente, incomensurável, pode ser traduzido como "o movimento" — "o fluxo" — "o caminho" de tudo, a energia primordial que é, a consciência divina e criadora. Por isso, por definição, somos a consciência divina atuando no Universo. Somos eternos e poderosos, somos divinos e amorosos, somos seres manifestados e, ao mesmo tempo, a consciência Imanifesta de pura energia consciente.

> O verdadeiro caminho (Tao) de todas
> as coisas é retornar às origens cósmicas.
> Esta é uma ordem silenciosa e oculta.
> Todas as coisas que existem sobre a Terra
> originam-se no Imanifesto e a ele retornam.
> (*Tao Te Ching*, cap. 40, interpretação
> de Professor Laércio Fonseca)

Por um instante, prove o que está sendo dito. Feche os olhos, respire fundo, e visualize o seu corpo: todas as células, os órgãos, membros, nariz, olhos, ouvidos. Imagine-os com clareza, como se cada um estivesse separado do corpo, em um espaço imaginário. Reflita sobre como foram criados, e sobre qual energia os mantém em pleno funcionamento. Agora, congele mentalmente cada um deles onde estão. Em seguida, pense nos seus sentimentos. Traga à mente um sentimento qualquer e reflita sobre sua origem — como ele surgiu e como permanece armazenado na memória. Congele mentalmente, isolado, à sua frente. Agora você tem seus órgãos e membros em torno de si, temporariamente separados e congelados, além de um sentimento isolado, também congelado. Por fim, crie um pensamento, como uma espécie de pequena nuvem. Pode ser um pensamento simples — um evento, uma memória, um plano. Imagine-o como uma nuvem congelada, posicionada próxima ao sentimento e aos órgãos e membros ao redor.

À sua frente, você vê como uma grande tela 3D com vários "objetos" congelados: órgãos e membros de seu corpo, um sentimento e um pensamento em forma de nuvem. Todos esses elementos são aspectos de sua vida, são "manifestações" dela, PORÉM, não representam a essência de sua vida!

A essência de sua vida, o Imanifesto, é a consciência que observa esses elementos, é a presença silenciosa que percebe esses aspectos. Ela é o observador e cocriador por trás de tudo, que VIVE cada um desses aspectos da vida, sejam eles tangíveis, como células, órgãos, membros ou até aspectos materiais ao redor; ou intangíveis, como pensamentos, sentimentos ou memórias, manifestados de forma sutil, mas igualmente reais.

Assim, tenha a certeza absoluta de que você não é seus pensamentos, sentimentos, memórias, corpo ou qualquer coisa ao seu redor. Você é a consciência silenciosa que observa, percebe, experiencia e vive tudo isso. Essa consciência, que é o Imanifesto, faz parte de uma consciência maior, o TODO. E quando uma consciência centrada apenas em si mesma é finalmente desfeita e a verdade é revelada, entende-se que há apenas uma consciência em todo o Universo e Multiversos. É essa consciência que vive, percebe, observa, e cria a vida — e ela é uma só. Você é ela, a vida dela manifestada em você e ao seu redor. A autoconsciência dessa verdade é a iluminação, e o caminhar em direção a essa compreensão é o objetivo maior de nossa vida.

Nossa existência como alma/consciência/observador/cocriador, tem como principal propósito sentir essa verdade: estamos no TODO, somos o TODO, e o TODO nos AMA incondicionalmente. Quando nossa alma compreende isso, tornamo-nos um com o TAO, conscientes, poderosos e harmoniosos, em paz com a vida e manifestando o AMOR, sendo um canal de puro amor e alegria. Experimente. Você só tem a ganhar! Ao percebermos que somos Deus em ação, entendemos que Tudo é Sagrado. Então, compreendemos o verdadeiro significado da palavra Gratidão. Como disse o professor Laércio Fonseca em uma de suas palestras: "Gratidão é um estado de espírito evoluído". Ou seja, é muito mais do que uma simples retribuição verbal por um favor recebido. Trata-se de um estado de vida, de espírito, que alcançou um nível mais alto de sabedoria e, portanto, compreende profundamente a essência da gratidão.

DICAS DE OURO DE UM ALUNO DA VIDA

Ciente da minha limitação de conhecimento e entendimento da realidade, mas na certeza de estar no caminho certo, que é uma jornada de conhecimento, desejo que este guia contribua de forma significativa para a melhoria de sua qualidade de vida. Uma transformação pode estar acontecendo neste exato momento em sua vida, esteja você ciente disso ou não, pois, à medida que conhecemos como o Universo e as leis divinas funcionam, aumentamos proporcionalmente nossa paz interior e felicidade. O conhecimento posto em prática se transforma em sabedoria, e a sabedoria liberta.

Compartilho com os amigos e amigas do passado, do presente e do futuro, onze dicas que aprendi até esta etapa de minha vida e que me ajudaram a avançar significativamente, melhorando minha qualidade de vida em todos os aspectos. São elas:

1. Ser um livre pensador, um buscador da verdade objetiva. Estudar sobre espiritualidade, física quântica, religiões, doutrinas, filosofias esotéricas e sobre-humanas de todos os tempos.
2. Estudar sobre as leis universais, a verdadeira "justiça".
3. Identificar, trabalhar, viver e fazer o que lhe dá prazer, ouvindo a voz da intuição.
4. Estudar e fazer o processo de "ressonância harmônica" do Professor Hélio Couto, identificar, analisar, elaborar e ressignificar as crenças limitantes, traumas e sombras.

5. Investir todos os seus recursos no melhor e maior investimento de todos: a sabedoria divina e a vida eterna.
6. Estudar a história da humanidade, aprender com os erros dos antepassados e, de modo complementar, estudar sobre as tendências e o futuro, sempre considerando padrões do passado. Como cocriadores, criar nossa própria realidade, lembrando que temos dívidas a pagar, e pagá-las sem reclamar, com alegria.
7. Não se limitar ao que a ciência ortodoxa impõe como verdade, mas também não acreditar cegamente em religiões, doutrinas ou filosofias que visam poder por meio da escravidão. Tudo deve ser testado. O que fizer sentido para você, for real e factível, pois são tecnologias de transfiguração do ser disponibilizadas pelos planos superiores para nosso progresso e expansão de consciência. Essas tecnologias transcendentes (religiões, doutrinas e filosofias que visam a liberdade) são diversas para que cada um identifique as que melhor se adaptem a si, a sua cultura e a sua sociedade. Não idolatre ninguém, mas use como inspiração, lembrando que somos todos diferentes e isso faz toda a diferença.
8. Considerar e tratar tudo o que existe como sagrado, incluindo a si mesmo, seus supostos inimigos, as pessoas, os animais, a natureza, tudo. Fazer ao próximo o que gostaria que fizessem a você. Não fazer ao próximo o que não gostaria que lhe fizessem. Não reclamar. Agradecer todos os dias.
9. Não ter uma visão romântica da vida. Estar ciente de que existem seres negativos e "vampiros" de energia que, mesmo em seu estágio primitivo, também avançam (pela dor) e um dia se tornarão seres de luz, tanto no plano físico quanto no espiritual. Estar atento ao objetivo desses seres, que é basicamente atrapalhar a evolução e a felicidade daqueles que buscam a luz da sabedoria. Trabalham

dia e noite promovendo ódio, inveja, raiva, ignorância e medo, todos os aspectos opostos ao amor incondicional. Ter compaixão por eles, mas tomar todos os cuidados necessários para proteção e, principalmente, ajudá-los ao máximo de nossas capacidades.

10. Servir ao máximo da sua capacidade, de todo o coração e de toda alma, usando todos os recursos que você tem. Exemplos de serviço incluem: trabalhar com o coração voltado para ajudar colegas de trabalho, clientes, pacientes, alunos, fornecedores, prestadores de serviço etc. Cuidar da família é servir. Honrar pai e mãe é servir. Sorrir alegremente para alguém desconhecido é servir. Parar o veículo para uma pessoa idosa atravessar é servir. Estudar algo que amplie a sua visão de mundo é servir. Expandir a sua consistência buscando a sabedoria universal é servir. Ajudar financeiramente ou com seu tempo os mais necessitados é servir. Tratar a todos, incluindo inimigos, com respeito, honestidade e compaixão, compreendendo que cada um está neste mundo por uma razão e em fases distintas de evolução e aprendizado, é servir. Ressignificar as crenças é servir. Perdoar a si mesmo e aos demais é servir.

11. Soltar. Renda-se à força maior e torne-se essa força. Tenha a firmeza de propósito e a certeza de que há uma hierarquia divina organizada, amorosa e eficiente que nos sustenta e serve em tudo o que precisamos. "Buscai o reino dos céus e a sua justiça e tudo o mais lhe será dado por acréscimo" (Mateus 6-33). Essa mesma ideia é expressa de diversas maneiras pelos grandes mestres espirituais. Solte. Para resolver qualquer problema, coloque-se em movimento, seja o movimento, seja parte do fluxo da vida. Pratique o verdadeiro Tai Chi Chuan/Kung Fu. Incorpore a filosofia taoísta do Wu Wei ("o poder da ação através da não ação") na vida prática.

Ensinei aos meus filhos que eles nunca estão sozinhos e que somente em uma ocasião na vida deverão dobrar seus joelhos em reverência: quando se renderem ao Criador, quando soltarem, ao sentirem e desejarem ao fundo de seus corações a união com tudo o que existe. Quando esse sentimento genuíno estiver presente, o ego deve então ajoelhar-se e render-se; nesse momento, haverá a reintegração e reunificação com o Criador. A partir desse momento, seus pensamentos, sentimentos, palavras e ações serão as de Deus e não mais seus. O ego se rende e fica a serviço do Todo. Seu corpo, alma, tempo, dedicação e recursos servirão aos propósitos da sabedoria divina infinita.

Render-se para se tornar um SERVO. Não um escravo, mas um servo que é parte integrante do TODO, que por essência serve a si mesmo e aos demais, mas, ao mesmo tempo é a força criadora universal, consciente de si mesma. Não mais individualizada, mas sim individuada, integrada e livre.

SOU UMA EXPERIÊNCIA

Considero-me um "teste de laboratório" do mundo espiritual. Após todos esses conceitos apresentados neste livro, estudos de mecânica quântica, participação em escola espiritual, estudos parciais dos evangelhos, zen-budismo, espiritismo, terapias convencionais e alternativas, e estudo de outras religiões, doutrinas e filosofias exotéricas, foi no início das práticas de Tai Chi Chuan/Kung Fu, meditações e estudos sobre a filosofia taoísta que tive mais uma experiência de expansão da consciência que mudou novamente minha visão de mundo e trouxe ainda mais alegria e paz para minha vida, mas principalmente mais direcionamento e a certeza de estar no caminho certo, porém ainda muito longe da compreensão, mas mais feliz por estar avançando em direção à Luz da Sabedoria.

Ao ler um livro intitulado *Cartas de Amor* – um presente de minha amiga Adriana Medeiros, palestrante e autora do livro *O dia da mudança*, me marcaram os capítulos 25 e 26 que dizem "Torna-te semelhante a mim"[2] e "Te dou as condições perfeitas"[3], e uma forte luz interior se acendeu em mim. Compartilho essas partes da carta com você, amigo e amiga, e os incentivo a ler todas as *Cartas de amor* de Jacob Beilhart. Faz diferença por se tratar de mensagens do plano superior divino, um presente para nós.

Carta 25:
Torna-te semelhante a Mim
Minha amada,
Encontras alegria quando tens tal fé em Mim, que não te afastas tornando-Me objeto de estudo e dissecação. No entanto, é parcialmente recompensada ao descobrir algumas leis pelas quais eu opero. Pensas que me encontraste, mas eu não sou a lei. A lei não tem vida e não pode aquecer o teu coração e te satisfazer.
Alguns Me atraem para muito próximo, aprendendo a confiar em Mim. Estás começando a aceitar o Meu Amor quando te encontras na escuridão — na tristeza, na dor, na perda das coisas do eu. Tua fé e paciência me atraem. Alguns de vocês me atraem para tão perto que sou capaz de depositar Meu Amor em seus corações por algum tempo. Mas uma parte de tua natureza me usa para remover a dor ou a tristeza, e pedes apenas um pouco de luz. Mas, minha querida, se eu fizesse isso, agiria como o fotógrafo que tendo exposto a placa para receber a imagem perfeita do que deseja revelar, leva-a a um quarto totalmente escuro para que nenhum raio de luz estrague a impressão recebida. Se nesse momento alguém abrisse a porta, todo o trabalho seria perdido. Apenas depois que os produtos químicos agem sobre a placa, é que

---

2 BEILHART, Jacob. *Cartas de amor*. São Paulo: Civitas Solis, 2020, p. 111-113.
3 BEILHART, Jacob. *Cartas de amor*. São Paulo: Civitas Solis, 2020, p. 114-116.

ela pode ser exposta à luz sem que o trabalho se estrague. Ele não coloca papel sensível sobre ela, para reter a imagem perfeita do que estava atrás da câmera fotográfica quando a placa foi exposta.

Do mesmo modo, querida, fostes exposta a Mim. Estou reproduzindo em ti minha imagem e semelhança. Tu és minha placa sensível e sou impresso em ti conscientemente. Não podes levar luz ao intelecto e me analisar. Não: tudo deve permanecer no escuro até que os produtos químicos — as experiências que atrais — removam tudo o que não for semelhante a Mim, pois quero que sejas uma imagem perfeita de mim. Quero que Meu Amor, Minha Sabedoria, Minha Fé, Minha Perfeição surjam em ti como estão em Mim. Sim, tu deves ser uma imagem viva de mim. Sou invisível: tu és visível. Sou o Universo, e tu és uma expressão de mim. Deves manifestar toda a Minha Alegria, Meu Amor, Minha Paz.

Aguarda pacientemente o pequeno lapso de tempo necessário no quarto escuro. Não peças que a porta se abra e que a luz penetre antes que sejam removidas todas as coisas que não são semelhantes a mim.

Querida, conheço o teu desejo de ser perfeita; nada menos do que a perfeição te serve, pois buscas ser aceita totalmente, nada sendo rejeitada. Pois então deixa-Me continuar o trabalho, criando as circunstâncias que removem de ti tudo o que não é semelhante a Mim.

Não há o que possas fazer para apressar o processo, do mesmo modo que o fotógrafo e sua placa. Tens que aceitar e submeter. Por que te escrevo? Porque é parte do processo. Acredite: estas cartas vieram a ti como parte de tua experiência, do mesmo modo como foi teu nascimento na vida física. Tudo do que te é dito ou feito, de qualquer modo e em todas as coisas, faz parte de meu trabalho em ti. Pensas que deverias te sentar em silêncio para te desenvolver, mas isso é resultado de tua mente. Desenvolves mais estando em contato com coisas que te estimulam e te tornam impaciente do que quando te escondes dos ruídos e das irritações da vida.

> *Não penses que me aborreço quando estás irritada, sem fé, e pensas estares em falta; quando te entregas às paixões e te voltas contra Mim, acusando-Me por tuas dificuldades. Conheço todos os detalhes de tua vida antes que se manifestem, sei que ages por força de tua natureza. Não me desagrada te ver passar por todas as experiências que promovem teu amadurecimento e te preparam para o Meu Amor e Vida.*
>
> *Teu Construtor (esta mensagem continua na próxima carta).*

Há mensagens subliminares nestes textos maravilhosos, mensagens que poderão ser decodificadas por cada um de nós, se assim pedirmos e quisermos fortemente em nossos corações. São mensagens que revelam a vinda de uma nova era, a era da luz da consciência; indicam a existência de um novo mundo a ser revelado, um mundo de compaixão e alegria. Sugerem um novo estado de vida, que a maioria de nós ainda não compreende. Quem tem olhos, veja; quem tem ouvidos, ouça. Por isso, se quisermos fortemente receber a compreensão, o acesso nos será concedido. A cada passo que damos em direção ao amor universal, Ele dá infinitos passos em nossa direção. Mas o livre-arbítrio dos passos que temos que dar é nossa escolha. As palavras descritas nestas cartas parecem magia, mas são, de fato, a lei universal se manifestando de forma amorosa e simples. Basta crer, as condições nos serão dadas, de graça. Leia, medite, agradeça:

Carta 26:
Te dou as condições perfeitas
Minha querida,
Alegra-Me saber que tua Fé em Mim e em Meu Amor por ti são tão grandes que tens certeza de que nada podes fazer que me ofenda. O que é a raiva? Sendo teu amor por mim tão grande, desejas Me ver quando és obrigada a aceitar que não Sou o que pensas: e isso te irrita. Tua raiva é o que chamo de teu amor por

mim. Obténs algum resultado com isso. Pois essa raiva afasta algumas coisas que não guardam semelhança comigo. Todas as tuas experiências me agradam. Tu não podes me contrariar. O amor de tua alma por mim é que causa todas as experiências.

Mas quando duvidas de Meu Amor e não recebes Minha Fé, tu Me afastas de ti. Sei que isso também é bom, e por isso Me alegro. Sei o quanto escuro fica quando não tens nem mesmo um pouco do Meu Amor na necessária escuridão.

Não, querida, não me podes ofender. Estás segura. Eu te criei e nunca te abandono, pois existes em Mim. Não tens consciência de quem és como Eu tenho. Ao abandonares tua própria consciência para receber a Minha, tens a Alegria, a Paz e o Descanso. Brilhas pela Minha Fé pura, expressas Meu Amor puro, não egoísta. Expressas Minha Sabedoria através da tua vida e não pela palavra. Acreditando em Mim, estou em ti; me encontras em ti mesma e nos outros que tenham amadurecimento semelhante ao teu. E assim, minha dupla natureza, masculina e feminina, se encontram e se complementam. Pois a Vida é a manifestação do que está na Fonte Eterna.

Sim, quero me expressar tanto do modo positivo quanto do negativo, e encontrar um no outro.

Dou-te porque podes receber: isso é prova de Meu Amor por ti. Agora é o tempo para isso: estando pronta para mais, mais te dou. Tenho à disposição todas as condições para te dar tudo de que precisas. Não Me falta nada; crio todas as coisas para servir.

As condições não poderiam ser melhores. Nada falta em ti ou no ambiente ao teu redor. Prossiga!

Os que leem estas cartas e não estão prontos para essa completude, não compreendem estas palavras. Leem, mas não recebem a Vida que elas transmitem. A mente pode ler palavras, mas apenas Eu em ti posso receber o espírito da mensagem.

Não temas a completa escuridão nem percas a coragem.

Assim como o homem natural se entrega totalmente quando o corpo morre, do mesmo modo o eu deve se entregar. Não temas esse *abandono, pois estás te entregando aos Meus braços e despertando na Minha semelhança.*

Perdes apenas o que não desejas.

Confia em Mim. Sou real. Sou mais real do que qualquer outra coisa que vês ou conheces.

Tem Fé. Recebe a Minha Fé e Eu te inundo com minha Alegria, Paz e Amor.

Teu Verdadeiro Amor

EXPERIÊNCIA AVANÇADA

Estas cartas são escritas pelo Espírito Universal à nossa Alma. Porém, é no dia seguinte, após uma sessão de Tai Chi e meditação, que entendi e senti uma paz desconcertante, que me fez perceber realmente que o pequeno eu-consciência não existe de fato, mas que a consciência de Deus, do TODO, é a que de fato vive em mim. Sou a manifestação da ideação do Criador, portanto, ele mesmo, o próprio vivendo "em mim". Esta forma de falar está equivocada, mas para fins didáticos, atinge o objetivo da comunicação, pois o que temos, em verdade, é a consciência universal "vivendo a nossa vida", é ela que passa por todas as experiências, o que pensamos e sentimos ser "nós". O pequeno eu é apenas uma impressão, pois experimenta somente parte da realidade, para que, assim, o TODO possa crescer e ganhar complexidade. Por isso as situações e atritos — para que se cresça. Deus individualizou-se para que possa interagir consigo mesmo e, assim, evoluir infinitamente. Emanações individualizadas infinitas, obedecendo a todas as leis universais dos ciclos, ritmo, livre-arbítrio etc. Nossa consciência-eu, necessária no processo evolutivo, precisa apenas ter a vontade de aprender e experimentar tudo o que seja possível, de modo que avance em conhecimento e sabedoria.

Essa ilusão do pequeno eu-consciência *versus* a consciência do Criador é complexa, mas ao mesmo tempo, muito simples de compreender: mude a afirmação "Deus está comigo" para "Deus sou eu".

Esta afirmação "Deus sou eu", pressupõe que o que você chama de eu é pura ilusão. Sim, isso mesmo — um paradigma em que você acreditou e que foi necessário para sua evolução até aqui. O plano divino projetou este processo desta maneira para que você se sinta só e evolua. A solidão, desde o seu nascimento, infância e idade adulta, se fez presente. Porém, essa realidade muda a partir da sua expansão de consciência e da mudança de foco, do centro de força do eu para a centelha divina. Contudo, a corrupção humana, o poder econômico e ganância querem e trabalham para que você continue no estágio da "solidão", e por consequência do medo, pois assim você continua escravo do sistema, muito produtivo, beneficiando uns poucos, agindo de forma egoísta, sem compaixão e no modo competição.

Na Matrix, tudo é planejado para que você se sinta sozinho e isolado, porém, estimula-se o seu pequeno eu a ser astuto, veloz, forte, inteligente, sedutor, protagonista, bem-sucedido, feliz e vencedor. Mas sabemos que essa metodologia é uma ilusão e atende somente aos interesses de poucos. Na verdade, na pirâmide do poder, poucos estão no topo, regozijando-se de poder, porém, em sua maioria, infelizes, mesmo com acesso a tudo o que eles mesmos vendem. A maioria esmagadora está na base, passando necessidades básicas, por isso, em sua maioria infelizes também. Aqueles que estão no meio da pirâmide estão preocupados e lutando para chegar ao topo, em sua maioria infelizes, por desejos frustrados etc.

Em resumo, neste modelo, a maioria das pessoas do planeta é infeliz e não conhece a paz.

Quando você desperta para a verdade de que Deus é você, sabe que não está só, está integrado e se torna um ativista do amor incondicional e de toda a sua decorrência: alegria, compaixão, prosperidade, harmonia, sabedoria e paz. O criador, por meio da individualização, se manifesta em você, Deus é Você. Lembrando que aqui usamos a palavra Deus, mas qualquer tentativa de explicar ou descrever o que é o Deus, o Criador, é incorreta. No entanto, utilizamos palavras para comunicar a mensagem, cientes de que avançamos no caminho das respostas. Não há verdade absoluta, apenas muitas perguntas e indicativos que nos levam adiante, rumo à sabedoria.

A sua consciência é a Dele. Vocês são uma só consciência. A impressão que temos de sermos separados ocorre porque enxergamos somente uma parte do Todo, pois o Criador emanou pequenas partes para que Ele mesmo possa experimentar a separatividade e, com isso, criar complexidade na consciência Maior. O livre-arbítrio é a prova de que as consciências individualizadas fazem parte do Todo, pois a consciência individualizada que decide avançar em direção à luz da sabedoria ou manter-se nas trevas da ignorância. Mas de qual sabedoria estamos falando aqui? Da sabedoria de compreender e incorporar a verdade de que nós somos Deus: livres e cocriadores de nossa própria realidade.

Como diz uma frase que vi um dia: "Não sou o dono do mundo, mas o filho do dono". Filho aqui é um termo pejorativo, porque, em verdade, somos o próprio, o TODO e parte ao mesmo tempo.

Todas essas definições são ligeiramente equivocadas ou limitadas, mas na tentativa de expressar a minha compreensão sobre a realidade, faço uso dessas expressões. O máximo que podemos fazer é sentir Deus em nós: sentir, o amor incondicional e beneficiar-se da sabedoria universal.

UMA METÁFORA INTERESSANTE

Imagine que, ao nascer, colocam-lhe um capacete que tira 99% da sua visão. Você não conhece outra realidade e cresce nessa condição. Para você, usar esse capacete já faz parte de seu ser, e você se acostuma com ele. Na vida adulta, decide que quer se tornar um cavaleiro ou uma amazona e quer montar um cavalo, sem ajuda nenhuma. Lembre-se de que você vê apenas vultos escuros e não está mais consciente de que usa um capacete desde criança. Você tem as rédeas nas mãos e acha que sabe para onde e por onde vai. O cavalo avança, você está confiante e tem esperança de que chegará ao seu destino. Você não enxerga obstáculos, o mal tempo, as condições em geral, nem tanto outros cavalos e cavaleiros. Vê apenas vultos escuros enquanto avança.

Para você, essa condição é normal; é o seu estado habitual e condição de vida. Entretanto, a sua jornada, se continuar dessa forma, será um desastre completo, e você corre risco de vida. Em tempo, chega uma pessoa aleatória e vê você nessa condição, em cima do cavalo, sem enxergar nada. Essa pessoa, simplesmente sem falar nada, vai e tira o seu capacete. A partir daí, você enxerga 100% e, além de ficar maravilhado com a nova vida que se apresenta, percebe que enxergava somente 1%, agora enxerga tudo.

Antes 1% era o mundo conhecido e agora abre-se um novo mundo. Mas, na verdade, o novo mundo já existia, era apenas uma questão de abertura da visão, abertura da consciência, tornar-se consciente. A partir daí, você continua cavalgando, mas agora com outra visão de mundo. Vê os obstáculos, os outros cavaleiros, o mau tempo se aproximando; respeita as leis da estrada e os outros cavaleiros, respeita as regras. Você é mais feliz, mais produtivo e tem maior prazer na jornada, que antes era escura e sem vida. No entanto, você está trilhando o mesmo caminho, com o mesmo cavalo, porém mais feliz.

E isso é graças ao fato de ter decidido "tirar o que estava lhe atrapalhando a visão", tirar os entulhos.

Essa metáfora nos remete a refletir sobre realmente removermos os entulhos, ruídos e traves de nossa visão, para que possamos perceber a realidade última: a de que somos filhos de Deus, a parte e o TODO ao mesmo tempo. Conscientes das limitações e das leis divinas, não se reclama, rende-se, reunifica-se e avança em direção à sabedoria. Continua-se fazendo as mesmas coisas, porém agora com os olhos do espírito desperto. Por isso, temos que despertar para saber que estamos aqui de passagem, não somos daqui, somos espíritos universais, verdadeiros extraterrestres, com a missão aqui de resgatar dívidas, experimentar a vida, sorrir e evoluir. Por isso, em tudo na sua vida, abra os olhos para o divino: profissão, família, relacionamento, saúde, negócios etc. Todos esses aspectos de sua vida são provações e oportunidades para cumprirmos a nossa missão: a de sermos nós mesmos. Com essa visão — a visão sagrada de tudo, você atua no mundo da mesma forma que sempre atuou, porém com o seu estado de consciência mais evoluído, por isso, você começa a ver tudo com mais prazer, com mais qualidade e mais alegria. As pessoas, lugares e coisas são as mesmas, mas o estado de vida melhorou, evoluiu.

> **Está aí a maior missão de nossa vida: expandir o estado de consciência, para que possamos perceber e ver a realidade objetiva e, por consequência, expandir e melhorar o nosso estado de vida. Sendo quem realmente somos e essa é a maior das riquezas.**

SERVIR

> "Amai-vos uns aos outros."
> (João, 13:34)

Eu ouvi que o sol não brilha para si mesmo. As árvores não geram frutos para si mesmas. As flores não exalam seu perfume a si mesmas. Os rios não bebem de suas próprias águas. Viver para os outros, servindo, é uma regra da natureza. Todos nós nascemos para ajudar uns aos outros. Por mais difícil que seja, a vida é boa quando você está feliz, mas muito melhor quando os outros são felizes por causa de você! Há comprovadamente mais alegria em dar do que em receber. Um ser egoísta é depressivo, um ser caridoso é mais feliz. Um ser que pensa somente em si é doente, um ser que pensa no próximo é mais iluminado.

"Amai-vos uns aos outros": está aí a grande fórmula metafísica da felicidade. O mestre Jesus nos ensina a mais eficiente fórmula para alcançar o êxtase existencial. Não há nada mais importante e mais prazeroso no Universo do que servir. Servindo, você resolve todos os seus problemas e é a melhor maneira de adquirir mais conhecimento e, por consequência, mais poder. A lei divina é de tal forma constituída que, quanto mais você serve, mais você recebe. Mas o servir genuíno e verdadeiro não pode ser um negócio. Ajudar, ajudar, ajudar, servir, servir, servir. Está aí o segredo dos segredos, a fórmula invisível para se alcançar tudo o que você "precisa".

Se pudéssemos definir Deus em uma palavra, ela seria "servir". Então, a fórmula é muito simples: quer aproximar-se da luz do amor, prosperidade, saúde, felicidade, equilíbrio e paz? SIRVA. Sirva os seus próximos, a natureza, aos animais, ao Universo e a si mesmo, por decorrência servirá a Deus.

Por isso, precisamos prestar muita atenção nesse conceito e praticá-lo de forma perpétua, consistente, responsável, consciente e cada vez mais intensa.

Recomendo, então, avaliar em sua vida o que significa servir e como está o seu nível de servidão nos aspectos pessoais, familiares, profissionais e sociais.

O QUE É E COMO AJUDAR?

Quando falamos em ajudar, temos que nos perguntar: o que é ajudar e como ajudar? Ajudar é tudo o que serve ao Universo e a todos os seres através dos seus recursos disponíveis — destaco o tempo, dinheiro e atitudes. Lembrando que o maior e mais valioso recurso que temos disponível é o nosso tempo. Para poder ajudar ao próximo, preciso estar eu mesmo em condições para isso. As instruções de segurança para voar em aeronaves são bem conhecidas e orientam o passageiro: "Em caso de despressurização, máscaras cairão sobre suas cabeças, primeiro coloque a máscara em si e, depois ajude os outros". Fazendo uma metáfora com nossa vida, é exatamente isso: temos que primeiro nos ajudar. Por isso, sugiro algumas reflexões por meio de perguntas que nos ajudarão a avaliar o grau de servidão a nós mesmos.

NÍVEL PESSOAL

- Você já se exercitou hoje?
- Você foi produtivo para o Universo hoje?
- Você já meditou, orou, ouviu a "voz do silêncio" hoje?
- Você já agradeceu hoje?
- Você já estudou ou escreveu algo produtivo e que expanda a sua consciência hoje?
- Você já meditou, orou e agradeceu aos céus hoje?
- Você já respirou fundo hoje, percebendo a energia invisível que entra e sai de seu corpo físico e etérico?
- Você já sorriu para alguém hoje?
- Você já ouviu música hoje?
- Você já disse bom-dia para as pessoas com um sorriso no rosto e um brilho no olhar?
- Você já identificou e ressignificou alguma de suas crenças negativas e limitantes hoje?
- Você já ajudou alguém hoje?

NÍVEL FAMILIAR

A sua família é a oportunidade mais próxima para você exercer a essência divina do servir; é a antessala para servir ao Universo. Por isso, faça as seguintes perguntas e reflita:

- Você já brincou com seu filho (ou filha) hoje, estando presente de corpo e alma?
- Você já ligou para seus pais ou fez algo para ajudá-los hoje?
- Você já olhou nos olhos de sua esposa (ou marido) hoje e disse que a (ou o) ama?
- Você já programou a próxima viagem em família?

- Você já agradeceu aos céus com a sua família hoje?
- Você já se sentou à mesa com todos e, juntos, agradeceram pelo alimento, por quem o preparou e pelo dia que estão tendo ou tiveram?
- Você já ajudou seus familiares hoje de alguma forma?

NÍVEL SOCIAL

Amigos, escola, religiões ou doutrinas espirituais, comunidade: um avanço da família para a sociedade, rumo ao Universo. O grau de ajuda aumenta, e a alegria que se sente também cresce, a ajuda se intensifica, gerando ainda mais alegria, em uma escala sem fim. Façamos as seguintes perguntas para refletir:

- Você ajudou alguém hoje?
- Você ajudou o seu vizinho hoje?
- Você sorriu e deu bom-dia para as pessoas hoje?
- Você ajudou algum ancião hoje?
- Você ajudou uma planta ou animal hoje?
- Você doou o seu tempo para alguém hoje?
- Você teve uma atitude de valor perante a alguém hoje?
- Você serviu de inspiração para alguém hoje?

NÍVEL PROFISSIONAL

A maioria das pessoas, na maior parte do tempo, está trabalhando, exercendo a profissão, "ganhando a vida", empreendendo, liderando ou como colaborador de uma empresa, ou em algum trabalho autônomo, ou como prestador de serviços, assistencial, governamental etc. — por dedicarmos a maior parte de nosso tempo no trabalho, é justamente nesse ambiente que devemos prestar a maior atenção, pois temos aqui uma oportunidade única de exercer nossa essência divina: o servir. Em essência, nosso trabalho nada mais é do que servir, atendendo a uma necessidade ou desejo de outrem. Por isso, é fundamental tomarmos consciência da natureza de nosso trabalho e da verdadeira missão que ele desempenha. Reflita sobre as perguntas abaixo e crie outras que o ajude a expandir seu conceito do servir em seu ambiente de trabalho:

- Você deu o máximo de sua capacidade? Superando expectativas?
- Você ajudou alguém a "ganhar a vida" hoje?
- Você fez parte de algo maior hoje?
- Você fez a diferença hoje? Algo que sem você não seria possível?
- Você foi produtivo hoje? Construiu e produziu algum produto ou serviço que ajude alguém?
- Você pensou mais em seu cliente, seu fornecedor, seu colega de trabalho, seu sócio, seu líder, do que em você mesmo hoje?
- Você pensou em sua organização mais do que em você hoje?
- Você refletiu sobre o quão importante o seu trabalho é no todo?
- Você já refletiu sobre como a soma de todos os trabalhos, incluindo o seu, contribui para essa cadeia de suprimentos de produtos e serviços que atendem alguém em alguma parte do mundo, bem próximo de você, ou até você mesmo?
- Você foi eficiente hoje?
- Você está estudando, aprendendo e se desenvolvendo? Você está melhor hoje do que ontem?
- Você agradeceu quando foi e/ou voltou do trabalho hoje?

- Você usou toda a sua capacidade, tempo e habilidades para fazer o melhor possível dentro de suas condições? Ou há algo que você poderia ter feito a mais?
- Você ajudou a realizar o sonho de alguém hoje?
- Você se empenhou ao máximo para realizar o seu trabalho hoje?
- Você ajudou a gerar empregos?
- Você ajudou a pagar impostos?
- Você ajudou a gerar lucros? Pois lucro é vida, prejuízo, é morte.
- Você ajudou a melhorar a qualidade de vida de todas as pessoas ao seu redor, sendo uma pessoa agradável, feliz, eficiente, prestativa e em paz?
- Você usou as duas regras de ouro abaixo ensinadas por Jesus Cristo?
  "Faça aos outros o que gostaria que fizessem a você.
  "Não faça aos outros o que não quer que façam a você."

Reflita sobre todas essas perguntas todos os dias, aumente a lista com novas questões e reflita, discuta-as com seus familiares, amigos, parentes, colegas de trabalho etc. Você irá se surpreender com os resultados.

> **"Sucesso é o resultado dos que se dedicam à excelência no servir ao próximo."**

O SAGRADO

Tudo é Sagrado. Todos são sagrados.
Sagrado é ser santo, santo é ser puro. Puro amor. Amor incondicional e toda a sua consequência, que é a alegria, paz, saúde, prosperidade, equilíbrio e harmonia. Temos, sem dúvida, um entendimento limitado do que é sagrado e suas leis, por isso estamos afastados e sofremos. Mas a capacidade e potencialidade que temos em nós de perceber o sagrado em tudo existe e está dentro de todos nós. A vida em sua plenitude está em nós, mais próxima que mãos e pés. Porque somos a manifestação do Espírito Universal, e tudo o que está fora de nós também é a manifestação desse espírito, que é impessoal, mas ao mesmo tempo, individual e UNO em tudo o que existe: céu, terra, água, fogo, ar, almas, seres, Universo, multiversos, natureza, tudo que se possa imaginar e, sem dúvida, muito além de nossa limitada percepção.

Há, sem dúvida, uma inteligência, uma consciência única que organiza, coordena, emana e mantém vivos todos e tudo: dinâmico, criativo, grandioso e amoroso. E o milagre desse conhecimento é que, à medida que nos tornamos conscientes dessa realidade, escolhemos e nos tornamos parte dessa manifestação, pois somos literalmente DEUS EM AÇÃO. Somos UM com o criador, somos a manifestação (Manifesto) e o Imanifesto ao mesmo tempo. **Somos o teatro, o palco, o ator principal e a plateia, ao mesmo tempo.**

Por isso, temos a oportunidade de olhar para dentro e para fora, e tudo o que vemos, percebemos, sentimos é parte integrante em nós mesmos. Tudo e todos são sagrados, devemos saudar o criador, se prostrar perante ele, por sua magnitude e benevolência, estando conscientes de que somos isso TUDO. A separação é uma ilusão criada por nosso ego, o falso senso de identidade. Desconstruir essa grande ilusão é a nossa principal missão. Ajudar, servir aos irmãos, à natureza e aos animais é o meio. O ego deve estar a serviço do Espírito Universal, que nos conduzirá, por meio do amor incondicional, à reunificação total.

O QUE É SAGRADO E O QUE NÃO É SAGRADO?

Há dois centros de energia em nós que têm a força das intenções para mover o destino de nossa vida: o ego e a centelha divina (o Espírito Santo). O ego tem interesses particulares, pensa que tudo está separado, é astuto e se encontra em lugares inimagináveis. Do outro lado, temos a centelha divina, que é a parte do TODO, perfeito, que está conectado a tudo e todos, simplesmente a inteligência UNA e MÁXIMA. Então, para se ter uma vida próspera, saudável, de paz, harmoniosa e feliz é muito simples: DEIXE A CENTELHA DIVINA LIDERAR A SUA VIDA.

O primeiro passo para isso é tomar consciência de que ela existe. O segundo passo é entender todas as suas leis e estar certo de que não há como compreender o TODO a partir do ego, mas que ela é a inteligência que rege TUDO e, por isso, é poderosamente infinita e amorosa. E, por último, render-se a esse PODER INFINITO.

O ego deve render-se à centelha divina e atuar como um guerreiro da luz a partir daí, obedecendo, porque essa Força Maior sabe o que é melhor para você e para todos, pois está conectado com tudo e ela "vê" o nosso projeto de longo prazo de forma perfeita. Já o ego enxerga de forma opaca e limitada, por isso, sofre.

Seja você o ego que se rendeu a Deus. E, a partir disso, flua com a vida. Flua com o TAO.

Tenho afirmado essas verdades por diversas vezes e de diferentes formas neste livro porque sei que essas são informações não somente relevantes ou importantes, mas transformadoras.

Imagine-se sendo o executor, a manifestação do criador e, ao mesmo tempo, o observador de todos esses milagres. Não é mais você que vive a sua vida, mas o próprio Deus em ação vivendo a vida pura, e você (o ego) executa e observa alegremente a dança maravilhosa da vida, equilibrado e em paz.

COMO SEI SE É O EGO OU A CENTELHA DIVINA OPERANDO EM MIM?

Pelos resultados de sua vida. Se forem alegria, paz, harmonia, prosperidade, saúde, vida plena e abundante, é a centelha divina, se for o contrário disso, é o ego.

O ego se manifesta por meio de pessoas, circunstâncias e coisas e está escondido em vários lugares. Estar consciente disso e render-se, permite que comecemos a perceber a presença do ego e suas características em nós e nos outros. Por meio dessa conscientização, iniciamos o processo de soltar.

Remover os entulhos das crenças limitantes e sombras permite que a centelha viva através de você. Lembrando que a forma mais eficiente de limpar um tanque, é abrindo as saídas e as entradas com água limpa, não basta apenas entrar água limpa, deve sair também. Analogamente, você se torna um canal de água-luz: recebe e doa.

Que o Criador possa viver por meio de você, que você seja um canal de luz e a manifestação do TODO em plena comunhão com a natureza, os animais e todos os seres do Universo.

Que a alegria volte a ser a essência de nossa vida, pois, em verdade vivemos num grande parque de diversões cósmico.

Precisamos resgatar nossa habilidade de ser criança, de soltar a vida, a alegria majestosa da vida está em nós, pois somos uma criança divina. As pessoas não vivem mais para brincar, aprender e evoluir. Em sua maioria, vivem buscando desenfreadamente fama, poder, beleza, status e dinheiro a todo custo, como um fim em si mesmo, e por isso acumulam tristezas infinitas, tornando-se verdadeiros androides programados pela Matrix, que é a crença de que vivemos em um mundo material ilusório que nos impede de acessar a nossa verdadeira natureza espiritual. Por isso, volte a ser criança no parque de diversões que Deus construiu para nós. Volte ao jogo da vida, ao jogo por diversão, não competição. Ganhando ou aprendendo, acumule experiências de forma saudável, leve e alegre. Aterre-se, não fuja da realidade, seja responsável, utilize os recursos que tem sem reclamar, trabalhe, estude e ajude ao máximo de sua capacidade.

A melhor e maior oração que existe é o nosso sorriso, a nossa alegria. Seja feliz e abundante. Divirta-se eternamente!

A melhor e maior oração que existe é o nosso sorriso, a nossa alegria. Seja feliz e abundante. Divirta-se aqui e agora!

CONCLUSÃO

A existência humana é um verdadeiro mistério; é inútil tentar entender completamente, porém devemos vivenciá-la, viver a existência. Pois, quando a centelha divina assume o controle de nossa vida, significa que somos o próprio Criador em ação, o próprio Deus existindo, se manifestando por meio de nossa vida. A propósito, não existe mais a "minha vida", existe somente "a vida". O termo "minha" é o ego querendo apropriar-se conceitualmente da vida, o que é total ilusão, porque a vida é o território e o ego tenta desenhar o mapa — e o mapa não é o território.

A criação é incompreensível porque o paradigma atual se fundamenta na competição, na guerra, nos conflitos e na busca por poder, fama, reconhecimento, bens materiais e egoísmo. Tentar compreender a existência, por si só, pode se tornar um ato de egoísmo. O que realmente podemos fazer é vivenciá-la plenamente, assumindo os papéis de vida, palco, ator principal, plateia e teatro. Devemos fluir com o rio da vida, ser o movimento e expandir a nossa consciência à medida que o Criador nos guia. Ao vivermos felizes e servirmos ao próximo com toda a nossa capacidade, nos tornamos manifestações do Espírito Universal. Nossa busca pela verdade deve ser constante, vivendo em fluxo, alegres e cheios de amor, com o propósito fundamental de sermos nós mesmos em plenitude e abundância.

Espero que a afirmação "Eu, ET", agora, faça sentido para você e que essa compreensão lhe inspire a encontrar o seu verdadeiro Eu, o ET eterno que você verdadeiramente é, tornando-se assim,

UM com Deus. Um com o TODO. Sendo guiado alegre e abundantemente pela jornada rumo à reunificação. Leve e livre.

Quando sentimos e compreendemos com o coração que temos a liberdade de abandonar as ilusões, nossas crenças negativas, pensamentos e sentimentos desalinhados com o nosso verdadeiro eu interior, percebemos que podemos soltar o que não nos pertence para atrair o que nos pertence. Assim, abrimos o caminho da integração para sermos a própria vida em movimento, sem obstáculos. Livres. Percebemos que não existe nada separado, tudo e todos são uma só energia, uma só alma, uma consciência UNA, vivendo o sagrado individualizado e em conjunto ao mesmo tempo.

Quando desejarmos servir a tudo e a todos com todo o nosso ser, haverá a verdadeira reunificação e nos tornaremos novamente o que sempre fomos: AMOR.

Em *Cartas de amor*[4], de Jacob Beilhart, recebemos essa linda mensagem que compartilho a seguir. Ela vem de nossa consciência UNA e é assinada como sendo "O Amor Universal". O Espírito Universal, fala para nossa consciência individualizada, para nossa alma. Uma mensagem de altíssima riqueza espiritual que desejo de coração que ressoe em seu coração e o desperte para o verdadeiro propósito de vida, que é SER QUEM VOCE É.

> *"Entrega-te a Mim"*
> *Minha amada,*
>
> *O eu se fortaleceu em ti, para teres capacidade de receber a plenitude da Vida, que é impessoal.*
>
> *Não te escrevo isso como uma mensagem especial para interromper alguma outra força ou poder, pois só há Um Poder.*
>
> *A vida do eu vem na ordem natural de tua criação. O eu deve crescer e seu amor deve se tornar forte. Paixão, ódio, medo, vingança, luxúria, ciúme, ganância, conflito, guerra, e todas as*

---

4   BEILHART, Jacob. *Cartas de amor*. São Paulo: Civitas Solis, 2020, p. 149-153.

coisas que acompanham a vida do eu têm seu tempo e lugar. O eu não é um inimigo, mas um servidor. O mesmo sol que faz o fruto e os grãos crescerem, também os amadurece; e isso provoca sua queda do pé onde nasceram.

Do mesmo modo, a Vida que faz o eu crescer e desenvolver todas as suas limitadas e insatisfatórias qualidades, o faz cumprir sua função e morrer, sendo afastado da ação da Vida. Desse modo uma nova Vida, mais interior, vem em seu lugar.

É da ordem natural da criação que o indivíduo tenha um corpo e mente conscientes, dos quais ele se serve, e que também desenvolva uma natureza afetiva. A consciência assim formada se expressa como um ser separado e age como se tivesse uma vida separada. Esse indivíduo percebe e sente de um ponto de vista separado, e isso não permite que a plenitude da Vida se expresse nele. O corpo físico é deficiente e seus desejos não se realizam. A natureza afetiva é sempre querer o que não pode obter. A natureza do intelecto é se esforçar pelo inatingível. E embora a esperança seja forte, e leve o indivíduo a ter as experiências de que precisa, ele não tem a Fé perfeita, pois há divisão nessa consciência. Há medo e derrota. Todas as experiências lhe mostram que das muitas coisas que deseja como eu, poucas são alcançadas. E as que são obtidas se mostram diferentes do que esperava. Desse modo o eu não tem descanso, não tem Vida plena, mas há experiências que o preparam para ela.

Tu, a quem eu escrevo, alcançou o ponto de desenvolvimento em que o tempo para a morte do eu chegou, ou em quem amadureceram as coisas da vida separada como indivíduo. Assim como o germe da vida está na semente, assim também o Espírito verdadeiro está em cada um. E assim como a semente deve morrer para que o germe da vida possa viver e se desenvolver, também as coisas do eu devem abandonar a existência para que o que existe no teu âmago aflore. Assim como o pintinho dentro da casca é capaz de usar a substância do ovo como alimento para a sua construção, do mesmo modo o Espírito em ti usa as coisas que compuseram a vida do eu para desenvolver a Sua Vida em ti. Mas primeiro o que é assimilado deve morrer, pois não há transformação possível enquanto ela vive. A morte ou cessação da vida presente é necessária. Então a nova Vida penetra na mesma substância e a vivifica pela Sua Vida. E isso é a ressurreição.

Ninguém se entrega à morte sem fé, a menos que seja forçado a isso.

Todos os seres dos reinos abaixo do humano foram criados de modo a serem levados à transformação pela Lei da Vida.

Eles não podem sequer querer resistir; não têm a possibilidade de ter o prazer de se entregar voluntariamente à morte. Ao contrário deles, o homem, depois de viver a vida do eu, se torna capaz de receber a alegria de desejar sacrificar a vida presente para receber voluntariamente a Vida que chega.

Vê, minha querida, como te amo; como és capaz de receber alegria, é Meu propósito dá-la a ti, pois é Minha Alegria compartilhar Minha Vida contigo.

Tu, que vives a vida do eu, e encontras frustração e desilusão, sendo capaz de receber Vida abundante, tens agora o privilégio de entregar voluntariamente o eu à morte. Este privilégio te é dado porque abre espaço para a grande alegria que não podes receber se a morte do eu ocorrer contra a tua vontade.

Ninguém está pronto para esta mensagem, a menos que esteja pronto para este juramento e entregar-se sem resistência à sua execução. Deves estar pronto para dizer a Mim em ti: Eu entrego tudo o que o eu possui em minha natureza.

Não resisto; ao contrário, me submeto a vê-lo eliminado pelas circunstâncias, à medida que estas ocorram. Não me revolto contra o sofrimento e os insultos. Nada sou como eu pessoal, e eu não devo mais ser tratada como tal. Quero ser ninguém, sem lugar ou direitos entre as existências dos eus. Que tudo o que adquiro como eu, as coisas que o eu considera como suas, me sejam tiradas e colocadas no lugar a que pertencem.

Isso inclui meu conhecimento, meus amores, meus bens, meus amigos e parentes, minha moralidade, todos os meus hábitos bons e maus, e tudo o de que me orgulho ou condeno em mim. Entrego tudo e abdico ao poder da Vida Universal, de quem tudo obtive e apartei. Agora consinto em deixar o Espírito em mim, e em todas as coisas, proceder como quiser com este eu e com tudo o que lhe pertence, por meu intermédio, ou de outras pessoas ou circunstâncias. Não desejo Vida alguma enquanto não agradar ao Espírito viver Sua Vida em mim: e não me cabe decidir a ocasião. Nem direi ao Espírito em mim como deve viver Sua Vida, se em harmonia ou não com meu sentimento de bem. Entrego tudo ao Espírito: que Ele governe toda a criação.

Escrevo para aqueles que podem dizer isso e têm a Fé que lhes permite manter a calma e deixar a obra prosseguir.

Isto não é algo especial a ser feito, pois todos os que vêm à Vida se encontram nesse estágio de desenvolvimento, e lhes é dado Fé para corresponderem à mensagem que lhes vêm do exterior.

O Amor Universal

Desejo muita coragem, paz e alegria a todos! Sejam felizes, pois esta é a nossa essência! São os votos do seu irmão Universal, o Marciolino ET, "aquele que nunca vai deixar você"!

Leia o QR code com a camera do celular

FONTE Adobe Garamond, Josefin Sans
PAPEL Pólen Natural 80 g/m²
IMPRESSÃO Paym

FSC
www.fsc.org
MISTO
Papel produzido
a partir de
fontes responsáveis
FSC® C133282